1 10までの　かず

月　　日

できた かず　　もん / 9 もん

1 つぎの　タイル《たいる》の　かずを　かぞえて　(　　)に　すうじで　かきましょう。

① …………… (　　)

② …… (　　)

③ ………… (　　)

④ ………… (　　)

2 つぎの　すうじの　かずだけ

ぬりましょう。

① 10 ……

② 7 ……

③ 6 ……

④ 9 ……

⑤ 8 ……

かばんの　なかの　ものが　いくつ　あるか　こえに　だして　かぞえてみよう。

2 なんばんめ

月　日

できた かず

もん /6もん

◁ つぎの　ぶんに　あてはまる　ひとや　ものを
◯で　かこみましょう。

① まえから
3にん

② まえから
3ばんめ

③ うしろから
5にん

④ うしろから
5ばんめ

⑤ みぎから
4ばんめ

みぎ

⑥ ひだりから
2ばんめ

ひだり

「まえから　3にん」と「まえから　3ばんめ」では、◯で　かこむ
ひとの　かずが　かわるんだね。

3

いくつと　いくつ ①

月　　日

できた かず

もん /8 もん

あおいろで　かいた　すうじは、いくつと　いくつに　わけられますか。□に　かきましょう。

①

10	
6	4

②

9	
5	

③

8	
3	

④

7	
4	

⑤

6	
1	

⑥

10	
3	

⑦

7	
6	

⑧

8	
4	

5つを　2つに　わけると、いくつと　いくつに　わけられるかな？
ゆびを　つかって　かんがえてみよう。

4

いくつと　いくつ②

月　　日
できた　かず
もん　/8もん

あおいろで　かいた　すうじは、いくつと　いくつに　わけられますか。□に　かきましょう。

①

8	
6	

②

9	
3	

③

10	
2	

④

10	
4	

⑤

6	
4	

⑥

7	
2	

⑦

9	
6	

⑧

8	
5	

10こを　2つに　わけると、いくつと　いくつに　わけられるかな？
かずが　おおくなるほど　なんとおりも　かんがえられるよ。

5

あわせて？　ふえると？

月　日

できた かず

もん ／2もん

1　しろい　くるまが　2だいと、あおい　くるまが　5だい　あります。あわせて　なんだいですか。

しき　□　＋　□　＝　□

こたえ　□だい

2　こどもが　4にん　あそんで　います。そこへ　3にん　きました。あわせて　なんにんですか。

しき　□　＋　□　＝　□

こたえ　□にん

すきな　2つの　かずを　かいて、たしざんの　しきに　して　みよう。
けいさんできるかな？

6 のこりは？　ちがいは？

月　日
できた かず　もん／2もん

1 アメ《あめ》を　6こ　もって　いました。ともだちに　2こ　あげました。のこりは　なんこですか。

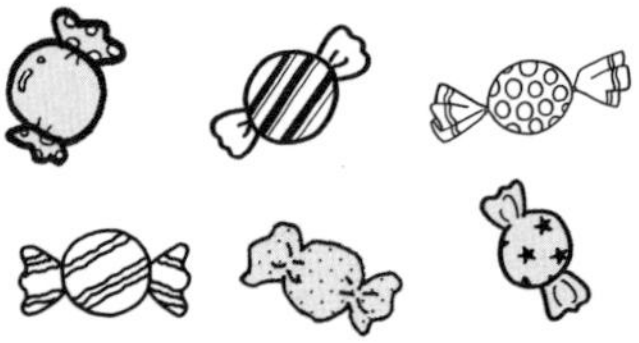

しき　□ － □ ＝ □

こたえ　□ こ

2 コップ《こっぷ》が　8こ　あります。ハブラシ《はぶらし》が　7ほん　あります。コップと　ハブラシの　かずは　いくつ　ちがいますか。

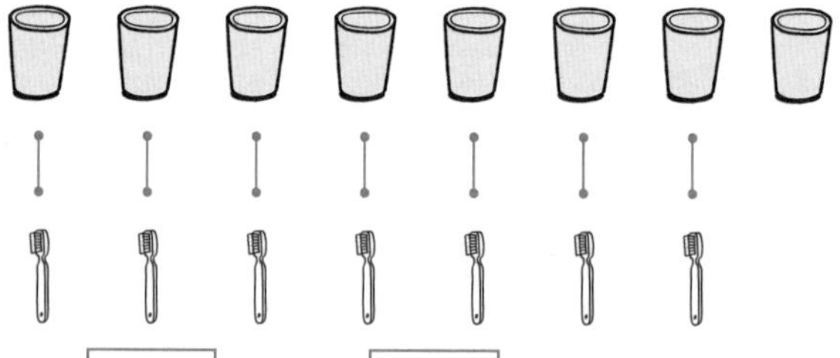

しき　□ － □ ＝ □

こたえ　□ つ

「のこりは　いくつ？」も「ちがいは　いくつ？」も　ひきざんで　かんがえよう。えを　○で　かこむと　わかりやすく　なるよ。

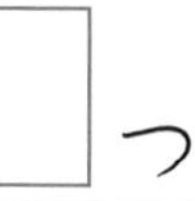

7

10より　おおきい　かず ①

月　日

できた かず

もん /8 もん

1　つぎの　タイル《たいる》の　かずを　□に　かきましょう。

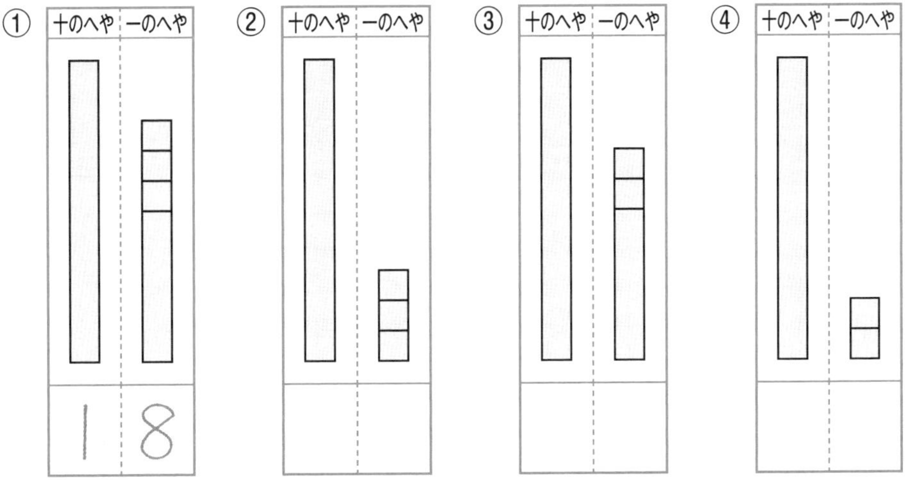

2　つぎの　かずだけ　タイルに　いろを　ぬりましょう。

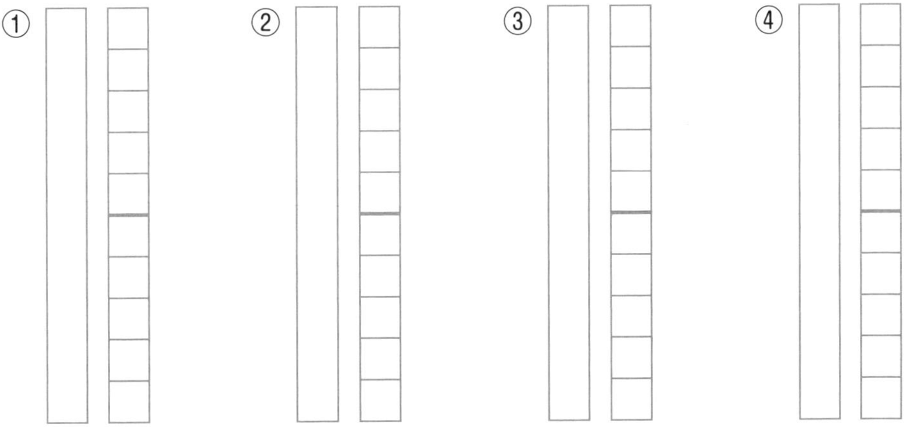

①　15　②　12　③　17　④　14

「一の　へや」は「一の　くらい」、「十の　へや」は「十の　くらい」と　いう　よびかたを　するよ。

8　10より　おおきい　かず ②

月　日

できた かず　　もん /5 もん

つぎの □に　あてはまる　かずを　かきましょう。

① 9 → □ → 11 → □ → 13

② 12 → 13 → □ → □ → □

③ 14 → □ → □ → 17 → □

④ 7 → □ → □ → □ → 11

⑤ 10 → 9 → □ → 7 → □

□に　あてはまる　かずが　かけたら、うしろから　まえに　かずを
よんでみよう。

9 どちらが　ながい ①

月　　日

できた かず　　もん／3 もん

1　つぎの　たてと　よこの　ながさを　くらべます。どちらが　ながいですか。

①

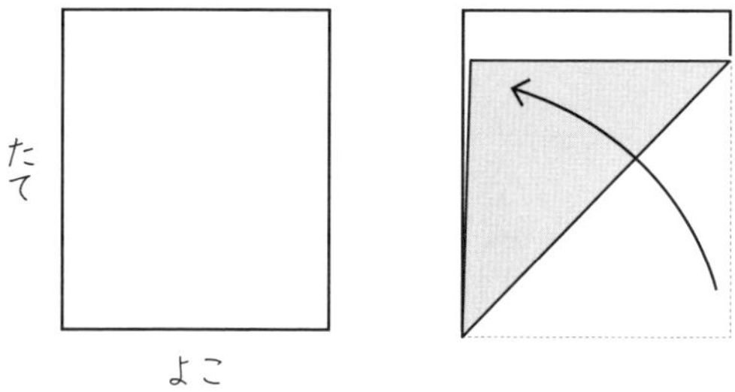

（　　　　　）

②

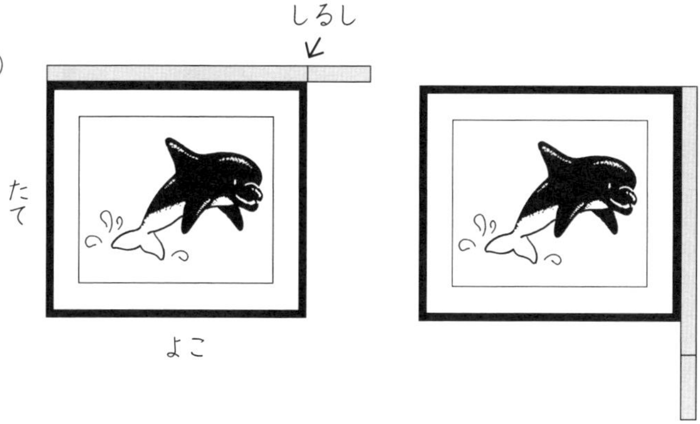

（　　　　　）

2　あと　いの　どちらか　ながい　ほうに　○を　つけましょう。

あ（　　）

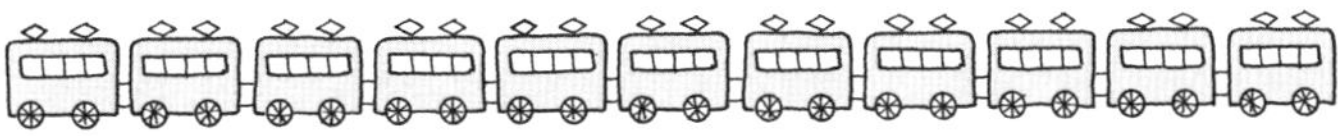

い（　　）

ものを　つかって　みるなど　くふうして、ながい（みじかい）を
くらべて　みよう。

10 どちらが　ながい ②

月　日

できた かず

もん / 1 もん

つぎの　ずを　ながい　じゅんに　ならべましょう。

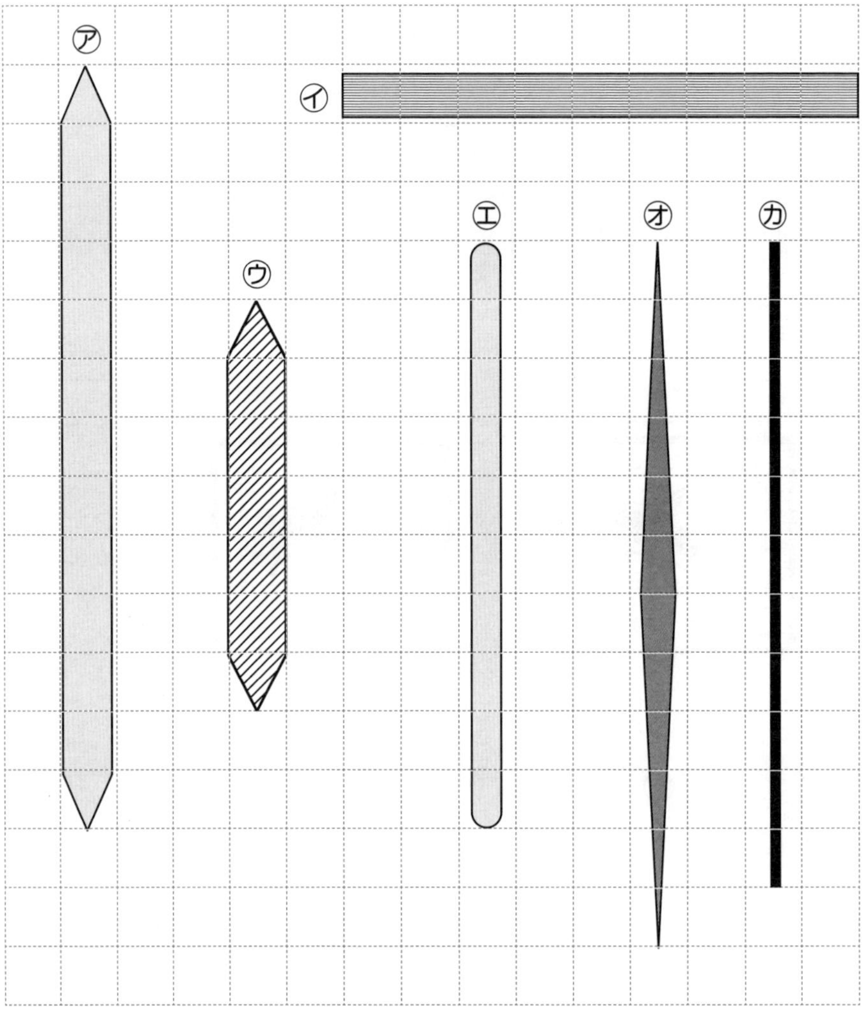

（ア）→（　）→（　）→（エ）→（　）→（　）

ながい（みじかい）を　めもりの　かずで　しらべよう。
ものさしも　めもりで　ながさを　かぞえて　いるんだよ。

11

どちらが　おおい ①

月　日
できた かず　もん／4もん

1　㋐～㋓で　みずが　いちばん　おおい　ものは　どれですか。いちばん　すくない　ものは　どれですか。

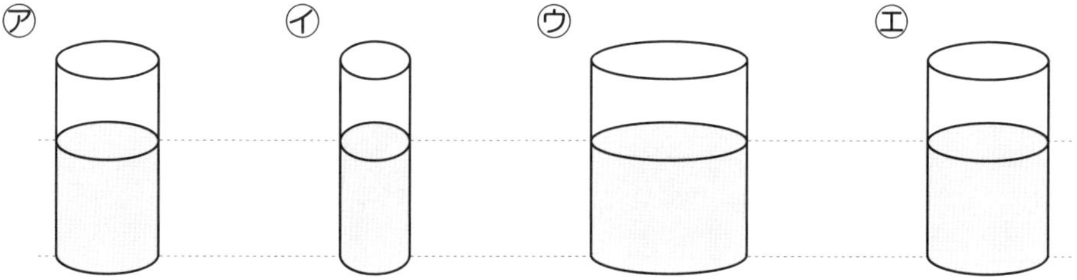

① いちばん　おおい　もの　（　　　　　）

② いちばん　すくない　もの　（　　　　　）

2　㋐～㋔の　コップ《こっぷ》は　おなじ　おおきさです。みずが　いちばん　おおい　ものは　どれですか。いちばん　すくない　ものは　どれですか。

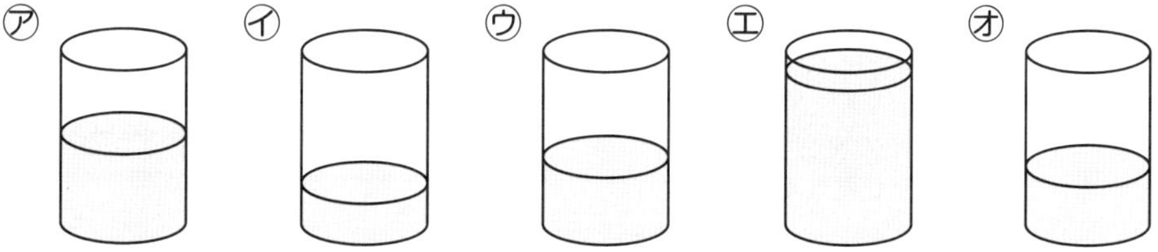

① いちばん　おおい　もの　（　　　　　）

② いちばん　すくない　もの　（　　　　　）

みずの「かさ」は、おなじ　おおきさの　いれものに　いれた　ときや、みずの　たかさが　おなじ　ときは　くらべやすいよ。

12 どちらが　おおい ②

1　㋐・㋑に　はいった　みずを　おなじ　おおきさの　コップ《こっぷ》に　うつすと、つぎのように　なりました。
どちらが　どれだけ　おおいですか。

㋐

㋑

こたえ　◯が　コップ　　　はいぶん　おおい

2　㋐と　㋑の　のみものを、まんぱいに　なるように　コップに　いれました。ちがいは、コップ　なんばいぶんですか。

㋐

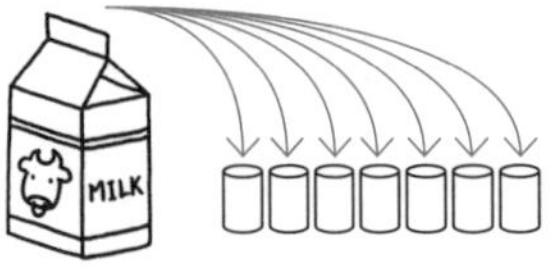

㋑

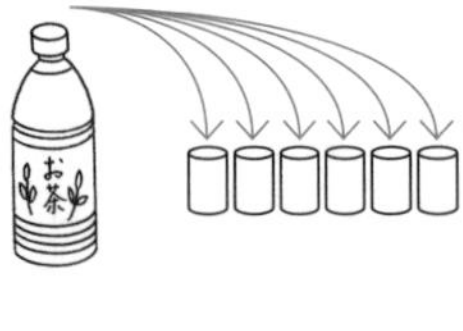

こたえ　　　　ぱいぶん

みずの 「かさ」は　ちいさい　いれものに　うつしかえて、それが「いくつぶん」かで　くらべる　ことも　できるんだね。

13 かたち ①

月　日

できた かず　　もん ／9もん

◁ かたちを　おなじ　なかまに　わけて、（　　）に
ばんごうを　かきましょう。

①

②

③

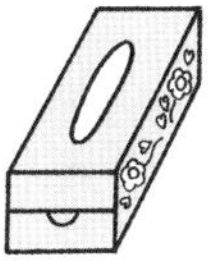

④

⑤

⑥

⑦

⑧

⑨

 （　　　　　　　　）

 （　　　　　　　　）　 （　　　　　　　　）

「たま」は　じゆうに　ころがるね。「つつ」は　まるい　ほうに
ころがるね。じゃあ「はこ」は　うまく　ころがるかな？

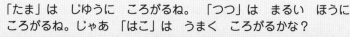

14 かたち ②

月　日
できた かず
もん /5 もん

1 つぎの　かたちを　かみに　うつすと　どのように なりますか。せんで　むすびましょう。

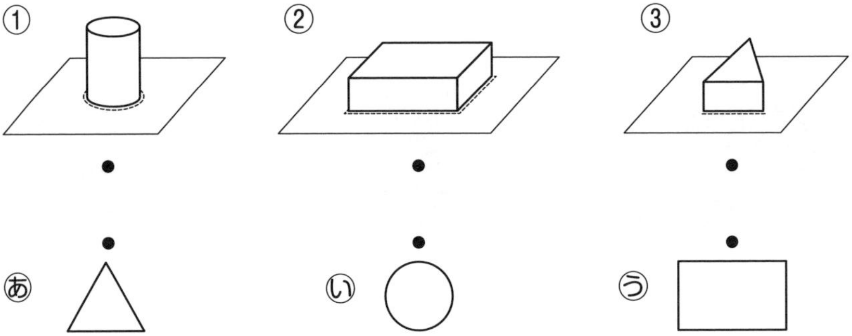

2 つぎの　かたちを　そのまま さかの　うえに　おきます。
　ころがる　もの　2つに　○を つけましょう。

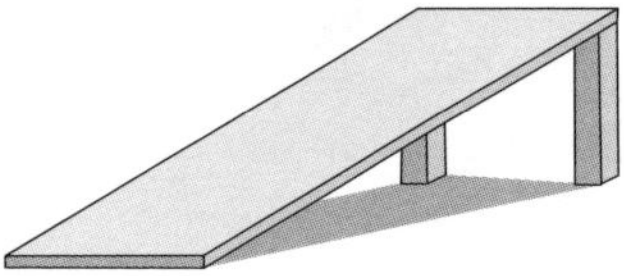

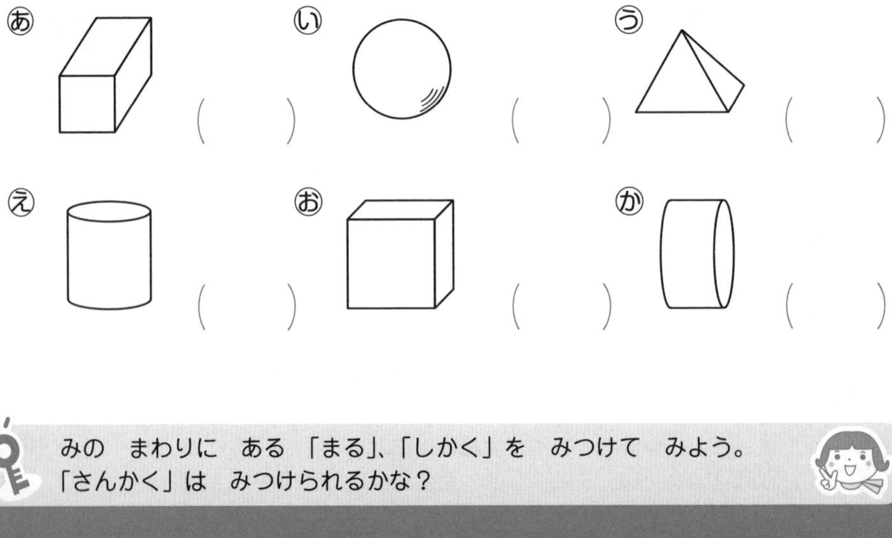

みの　まわりに　ある　「まる」、「しかく」を　みつけて　みよう。
「さんかく」は　みつけられるかな？

どちらが　ひろい ①

1　㋐と　㋑の　かみの　どちらが　ひろいですか。
ひろい　ほうに　○を　つけましょう。

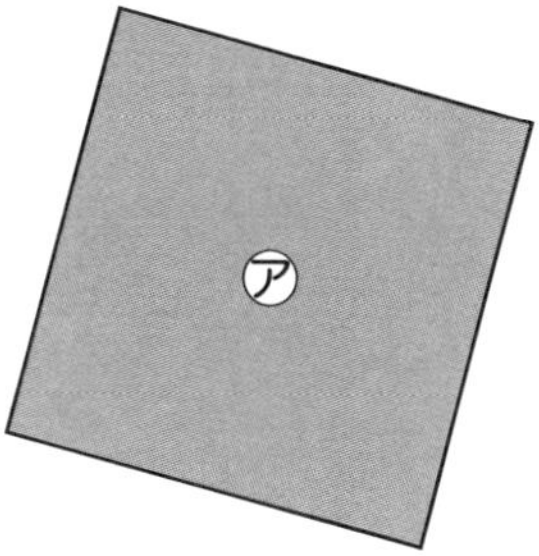

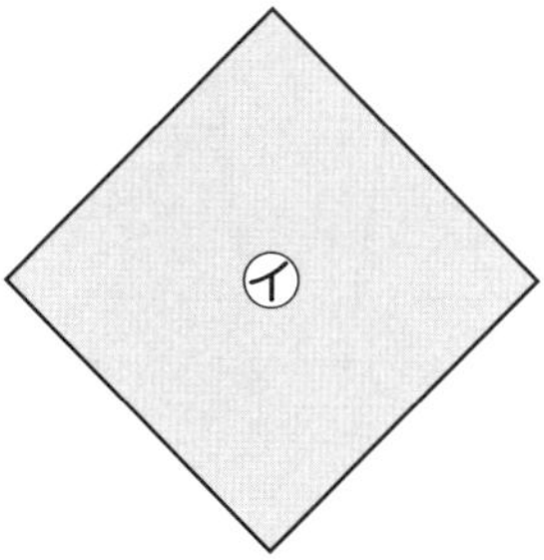

㋐と　㋑を　そろえて
かさねて　みると

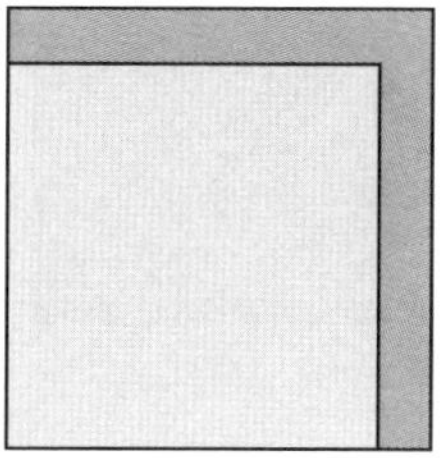

㋐（　　　　　）　㋑（　　　　　）

2　つぎの　もんだいに　こたえましょう。

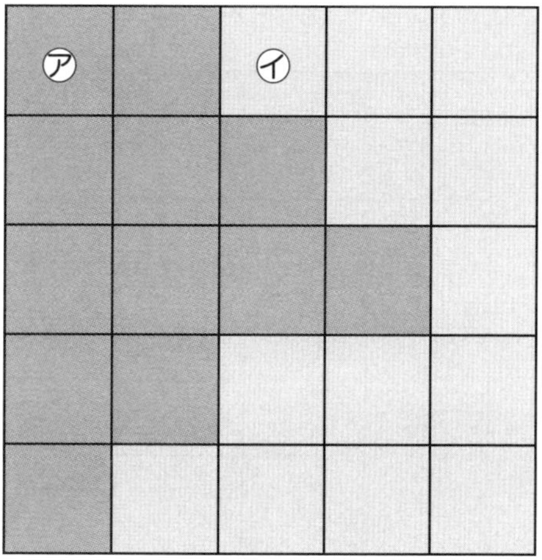

①　㋐の　■は、なん
ますですか。

（　　　ます）

②　㋑の　□は、なん
ますですか。

（　　　ます）

「ひろさくらべ」を　するときは　かさねて　みると　ちがいが　わかりやすいね。

16

どちらが　ひろい ②

月　日

できた かず　もん ／3もん

1　㋐〜㋒の　かみの　ひろさを　くらべましょう。

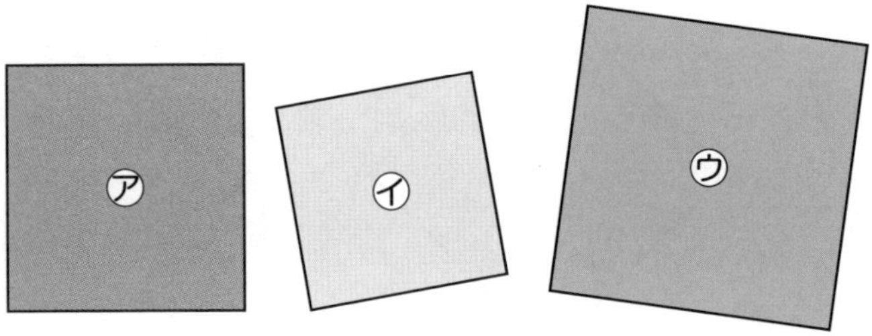

㋐と　㋑と　㋒を
そろえて　かさねると

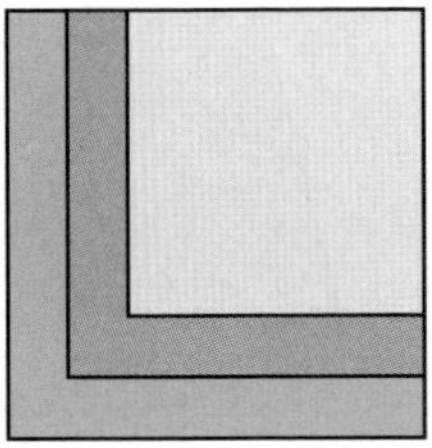

① いちばん　ひろいのは　（　　　　）

② いちばん　せまいのは　（　　　　）

2　㋐と　㋑の　どちらが　ひろいですか。

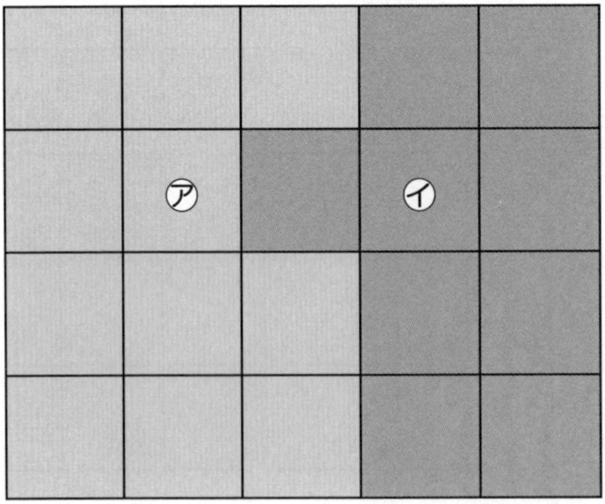

（　　　　）

ノートの　ますめは、おなじ　おおきさの　しかくが　ならんでいるよ。ますめを　じゆうに　わけて、ひろさを　くらべてみよう。

17

たしざん(くりあがり)①

月　日
できた かず　もん／3もん

1　にちようびに　ドングリ《どんぐり》ひろいに　いきました。あきたさんは　6こ、もりさんは　5こ　ひろいました。
あわせて　なんこ　ひろいましたか。

① ひろった　ドングリを　○で　かきましょう。

あきた　→ あわせる ←　もり

② しきを　かいて　こたえを　だしましょう。

しき　□ ＋ □ ＝ □

こたえ　　　　　こ

2　こどもが　7にん、おとなが　6にん　います。
あわせて　なんにん　いますか。
しきを　かいて　こたえを　だしましょう。

しき　□ ＋ □ ＝ □

こたえ

「1けた＋1けた」で、こたえが　10を　こえる　たしざんは、ぜんぶで　45だい　あるんだって。

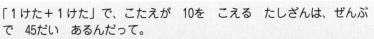

18

たしざん(くりあがり)②

月　日

できた かず　もん /14もん

つぎの　けいさんを　しましょう。

① 8＋3＝
　（3 → 2　1）

② 9＋5＝
　（5 → 1　4）

③ 9＋7＝

④ 6＋5＝

⑤ 4＋9＝

⑥ 5＋9＝

⑦ 7＋8＝

⑧ 9＋8＝

⑨ 6＋6＝

⑩ 6＋9＝

⑪ 4＋8＝

⑫ 5＋6＝

⑬ 7＋9＝

⑭ 8＋9＝

「10と　いくつ」の　けいさんに　なるように、かずを　うまく　わけられるように　なろう。けいさんが　はやく　なるみたい。

19

たしざん（くりあがり）③

月　日
できた かず
もん ／18もん

つぎの　けいさんを　しましょう。

① $8+7=$　　② $7+9=$

③ $9+4=$　　④ $2+9=$

⑤ $5+8=$　　⑥ $6+7=$

⑦ $9+9=$　　⑧ $8+4=$

⑨ $7+7=$　　⑩ $9+3=$

⑪ $4+8=$　　⑫ $9+6=$

⑬ $9+5=$　　⑭ $5+7=$

⑮ $3+8=$　　⑯ $8+8=$

⑰ $9+8=$　　⑱ $5+9=$

「1けた＋1けた」で、こたえが　11から　18までの　かずに　なる
たしざんは、ぜんぶで　36だいあるよ。

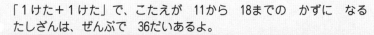

20

たしざん(くりあがり)④

月　日

できた かず

もん /18もん

つぎの　けいさんを　しましょう。

① 6＋8＝　　② 9＋7＝

③ 4＋9＝　　④ 7＋6＝

⑤ 9＋2＝　　⑥ 8＋6＝

⑦ 6＋9＝　　⑧ 6＋5＝

⑨ 7＋4＝　　⑩ 8＋5＝

⑪ 3＋9＝　　⑫ 7＋5＝

⑬ 7＋8＝　　⑭ 5＋6＝

⑮ 6＋6＝　　⑯ 8＋9＝

⑰ 8＋3＝　　⑱ 4＋7＝

くりあがりの　ある　たしざんは　つまずきやすいから、ぼくも　なんども　れんしゅうしたよ。

21

ひきざん(くりさがり)①

月　日

できた かず　もん /3 もん

1　おかあさんが　クッキー《くっきい》を　15こ　つくりました。
ともだちと　いっしょに　8こ　たべました。
のこりは　なんこですか。

①　たべた　かずだけ　◯で　かこみましょう。

②　しきを　かいて　こたえを　だしましょう。

しき □ － □ ＝ □

こたえ　　　こ

2　きに　カキ《かき》が　12こ　なりました。そのうち　7こ
とりました。のこりは　なんこですか。
しきを　かいて　こたえを　だしましょう。

しき □ － □ ＝ □

こたえ

10から　18までの　かずから、1けたの　かずを　ひいて、こたえが
くりさがる　もんだいは　ぜんぶで　45だい　あるみたい。

22

ひきざん(くりさがり) ②

月　　日

できた かず

もん /14もん

つぎの　けいさんを　しましょう。

① 12－4＝

4　6

② 11－8＝

8　2

③ 15－6＝

④ 13－6＝

⑤ 12－7＝

⑥ 16－7＝

⑦ 13－5＝

⑧ 12－9＝

⑨ 17－8＝

⑩ 14－7＝

⑪ 11－2＝

⑫ 11－9＝

⑬ 16－9＝

⑭ 14－5＝

むずかしく　みえるね。でも、ひかれる　かずの　10から　ひく　かず を　さきに　ひいてしまうと　けいさんが　らくに　なるよ。

23

ひきざん(くりさがり)③

月　日

できた かず

もん /18もん

つぎの　けいさんを　しましょう。

① 15－7＝

② 16－9＝

③ 13－4＝

④ 11－9＝

⑤ 13－8＝

⑥ 13－7＝

⑦ 18－9＝

⑧ 12－4＝

⑨ 14－7＝

⑩ 14－8＝

⑪ 15－9＝

⑫ 15－6＝

⑬ 11－6＝

⑭ 12－7＝

⑮ 11－8＝

⑯ 16－8＝

⑰ 17－8＝

⑱ 12－8＝

11から　18までの　かずから、１けたの　かずを　ひいて、こたえが　くりさがる　もんだいは　ぜんぶで　36だいあるよ。

24 ひきざん(くりさがり)④

月　日
できた かず　もん /18もん

つぎの　けいさんを　しましょう。

① 12－3＝	② 16－7＝
③ 13－9＝	④ 13－6＝
⑤ 14－5＝	⑥ 14－6＝
⑦ 13－5＝	⑧ 11－5＝
⑨ 11－4＝	⑩ 14－9＝
⑪ 12－9＝	⑫ 12－5＝
⑬ 15－8＝	⑭ 11－2＝
⑮ 12－6＝	⑯ 17－9＝
⑰ 11－3＝	⑱ 11－7＝

くりさがりの　ある　ひきざんは、うえの　がくねんでも　つかうから
しっかり　みに　つけよう。

25 おおきい　かず ①

月　日

できた かず
もん /6もん

1 ぼうの　かずを　かぞえましょう。

①

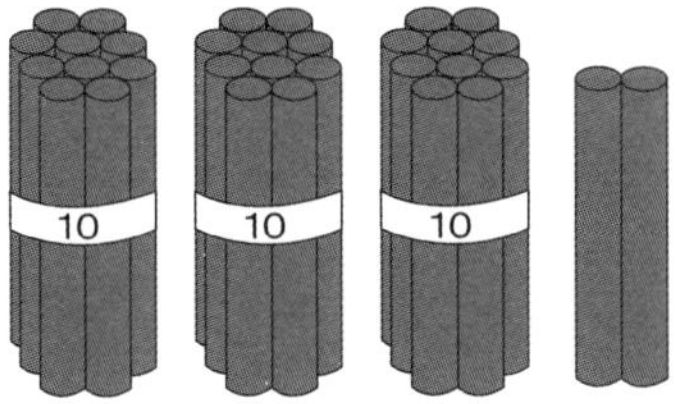

十《じゅう》の くらい	一《いち》の くらい

②

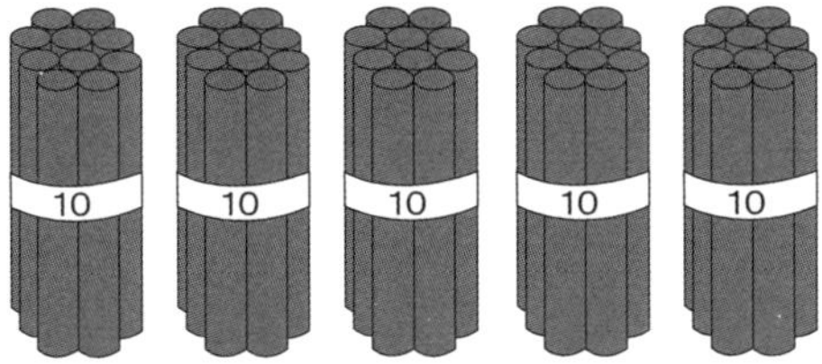

十の くらい	一の くらい

2 かずの　おおきい　ほうを　○で　かこみましょう。

① 56　61　② 98　89

3 □に　あてはまる　かずを　かきましょう。

① 97より　3　おおきい　かずは □

② 90は　あと □ で　100

おおきな　かずは　10ずつ　まとめて　かぞえると　かぞえやすいね。
10が　10こで　百だよ。

26

おおきい　かず ②

月　　日

できた かず

もん ／8 もん

□に　あてはまる　かずを　かきましょう。

① 80 → 90 → □ → 110 → □

② □ → 100 → 90 → □ → 70

③ 95 → 100 → □ → 110 → □

④ □ → 114 → 116 → 118 → □

⑤ 108 → 109 → □ → 111 → □

⑥ 10が　5こと　1が　9こで　□

⑦ 10が　6こで　□

⑧ 72は　10が　□　こと　1が　□　こ

①〜⑤は　かずが　いくつずつ　ふえたり　へったり　して　いるかに
ちゅういしよう。

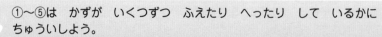

27

100までの　かずの　たしざん

月　日

できた かず　もん /9 もん

1　アメ《あめ》が　ふくろに　30こと、ばらで　7こ　あります。ぜんぶで　なんこですか。

しき □ ＋ □ ＝ □

こたえ　　　　こ

2　つぎの　けいさんを　しましょう。

① 40＋7＝

② 64＋2＝

③ 60＋4＝

④ 3＋96＝

⑤ 20＋8＝

⑥ 7＋71＝

⑦ 2＋10＝

⑧ 2＋42＝

おおきな　かずが　でるように　なったよ。でも、こたえに　くりあがりが　ないから　おちついて　かんがえれば　だいじょうぶ。

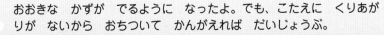

28

100までの　かずの　ひきざん

月　　日

できた かず

もん ／9 もん

1　100えん　だして　80えんの　けしごむを　かうと、おつりは　なんえんですか。

（100えんは、10えんだまが　10こです）

しき □ － □ ＝ □

こたえ　　　　えん

2　つぎの　けいさんを　しましょう。

① 58－8＝

② 51－50＝

③ 69－9＝

④ 36－2＝

⑤ 23－3＝

⑥ 39－6＝

⑦ 37－30＝

⑧ 48－4＝

おおきな　かずが　でるように　なったよ。でも、こたえに　くりさがりの　ない　もんだいだから　あわてずに。

29 とけい ①

月　日

できた かず　もん / 4 もん

つぎの　とけいを　みて　こたえを（　　）に　かきましょう。

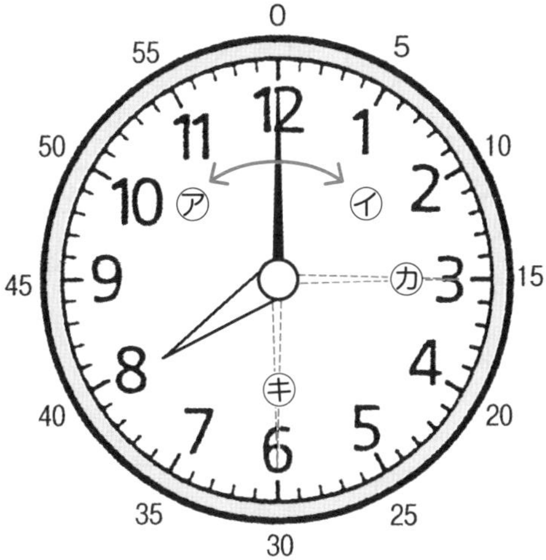

① なんじですか。

（　　　　じ）

② ながい　はりは、㋐と　㋑の　どちらに　うごきますか。

（　　　　）

③ 30ぷん　たちました。ながい　はりは、㋕と　㋖の　どちらに　ありますか。

（　　　　）

④ ③の　とき、みじかい　はりは、つぎの　(あ)、(い)、(う)の　どこに　ありますか。

(あ) 9の　ところ
(い) 10の　ところ
(う) 8と　9の　あいだ

（　　　　）

とけいの　ちょうしんは、1じかんで　1しゅう　するよ。たんしんは、とけいの　めもりでは　1じかんで　5めもりぶん　すすむよ。

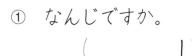

30 とけい ②

月　日
できた かず
もん /6もん

◁ つぎの　とけいを　よみましょう。

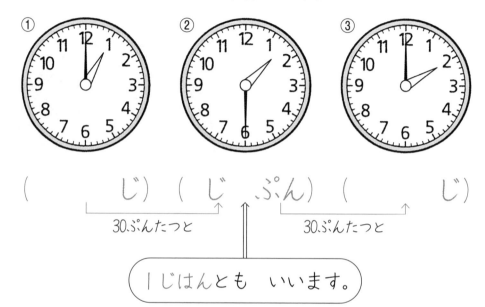

①

②
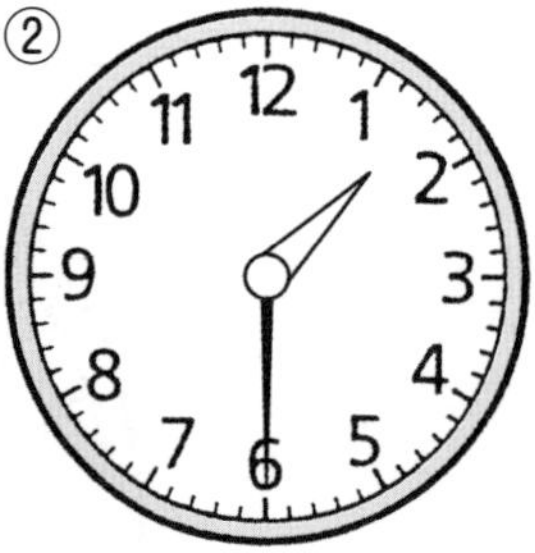
③

(　　じ)　(　じ　ぷん)　(　　じ)

30ぷんたつと　　30ぷんたつと

1じはんとも　いいます。

④

⑤

⑥

(　　じ)　(　　じ)　(　　じ)

2じかんたつと　　1じかんたつと

30ぷん　たった　とき、60ぷん　たった　ときの　たんしんと　ちょうしんの　ばしょを　しっかり　たしかめよう。

31

とけい ③

月　日

できた かず

もん ／6もん

◁ つぎの　とけいを　よみましょう。

①

（　じ　ぷん）

②

（　　　　　）

③

（　　　　　）

④

（　　　　　）

⑤

（　　　　　）

⑥

（　　　　　）

まず、たんしんの　ある　はんい（〇じ）を　みて、その　あとに
ちょうしんの　ある　ばしょ（〇ふん）を　みて　よみとるんだね。

32 とけい ④

月　　日

できた かず　もん / 4 もん

つぎの　じかんに　なるように、ながい　はりを　とけいに　かきましょう。

① 7じ

② 5じ20ぷん

③ 9じ45ふん

④ 10じ7ふん

ちょうしんの　さす　すうじが　1つ　すすむと　じかんは　5ふん　すすむよ。この　ことに　きを　つけて　ちょうしんを　かこう！

1

がっこうたんけん①

月　日

できた かず　もん／4もん

がっこうの　へやと、へやの　なまえを　せんで　むすびましょう。

① 

② 

③ 

④ 

㋐ としょしつ

㋑ たいいくかん

㋒ きゅうしょくしつ

㋓ ほけんしつ

がっこうには　こうちょうしつ、しょくいんしつ、じむしつなども　あるね。

2 がっこうたんけん ②

月　日

できた かず

もん / 4 もん

がっこうの　へやと、へやの　なまえを　せんで　むすびましょう。

① 

② 

③ 

④ 

㋐ ずこうしつ

㋑ りかしつ

㋒ かていかしつ

㋓ おんがくしつ

それぞれの　へやには　なにが　おいて　あるかな？　じっさいに　さがして　みよう。

3

くさばな ①

月　日

できた かず

もん /4 もん

はなと、はなの　なまえを　せんで　むすびましょう。

① 

② 

③ 

④ 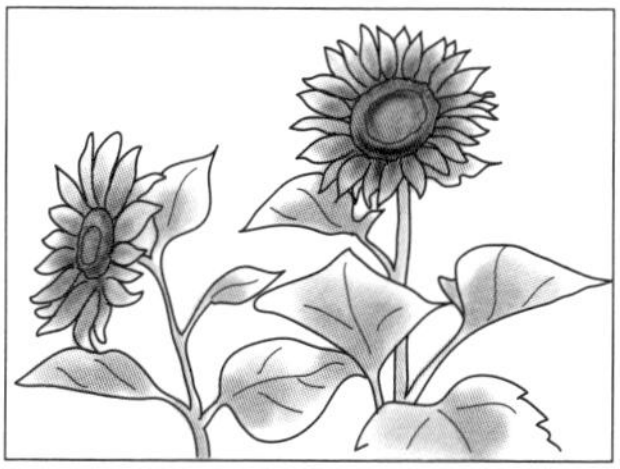

㋐ アサガオ《あさがお》

㋑ ヒマワリ《ひまわり》

㋒ ホウセンカ《ほうせんか》

㋓ オクラ《おくら》

くさばなは　にているようで、ひとつ　ひとつ　かたちが　ちがっているよ。オクラの　はなには　みが　なっているね。

4 くさばな ②

月　日
できた かず
もん /5 もん

1 つぎの　はの　なまえを　□　から　えらんで
（　）に　かきましょう。

①

（　　　　）

②

（　　　　）

③

（　　　　）

サクラ《さくら》　イチョウ《いちょう》　モミジ《もみじ》

2 あきの　おわりに　なると、サクラの　はは　あかく　なります。

① モミジの　はは　どんな　いろに　なりますか。

（　　　　）

② イチョウの　はは　どんな　いろに　なりますか。

（　　　　）

はの　いろは　ふゆに　むかうと　かれて、ちゃいろに　なって　いく
ものが　ほとんどだよ。いちねんじゅう　みどりの　ものも　あるよ。

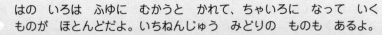

5 いろいろな　どうぐ①

月　日

できた かず

もん /4もん

だいどころ（キッチン《きっちん》）を　しらべると、いろいろな　どうぐが　ありました。

それぞれの　なまえを　[　　]　の　なかから　えらんで　（　　）に　かきましょう。

①

（　　　　　）

②

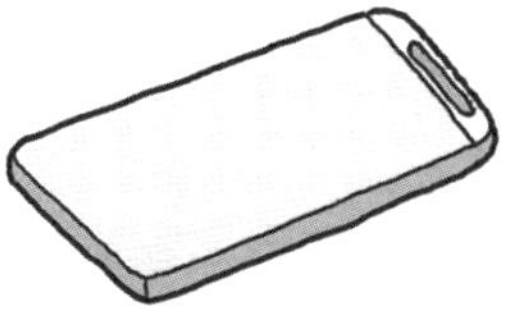

（　　　　　）

③

（　　　　　）

④

（　　　　　）

まないた	ミキサー《みきさあ》
どなべ	やかん

だいどころで　つかう　どうぐは、たべものや　のみものを　つくる　ための　ものが　ほとんどだね。ほかにも　さがしてみよう。

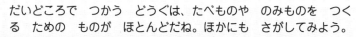

6 いろいろな　どうぐ②

月　日

できた かず　もん／4もん

つぎの　どうぐは　どんな　ときに　つかいますか。
せんで　むすびましょう。

①

②

③

④

㋐ ごはんを　おちゃわんに　よそう。

㋑ さかなを　きって　おさしみを　つくる。

㋒ だいこんや　やまいもなどを　おろす。

㋓ みずや　こなを　まぜたり　とかしたりする。

てを　つかって「きる」「むく」「まぜる」「こねる」「つぶす」「すくう」など、いろいろな　つかいみちの　どうぐが　あるよ。

いろいろな　どうぐ③

月　日

できた かず　もん／4もん

つぎの　さいほうばこに　ある　どうぐの　なまえを ［　　］の　なかから　えらんで　（　　）に　かきましょう。

①

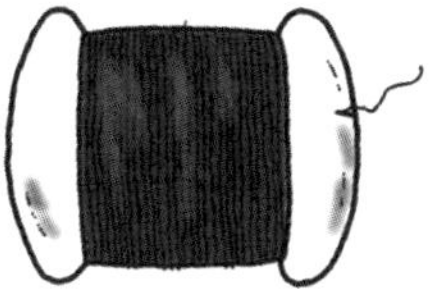

（　　　　　）

②

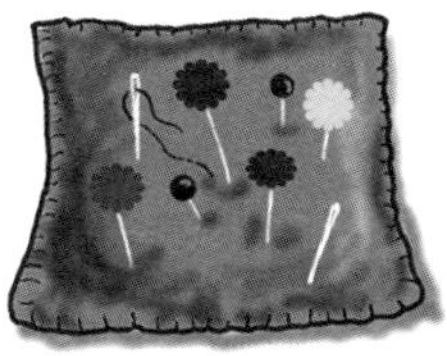

（　　　　　）

③

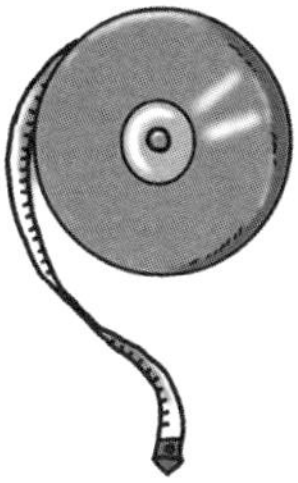

（　　　　　）

④

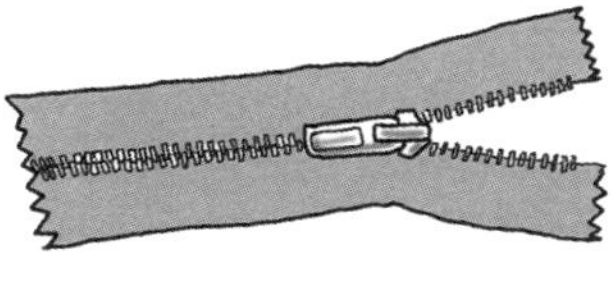

（　　　　　）

メジャー《めじゃあ》	いと
ファスナー《ふぁすなあ》	はりやま

はりに　いとを　とおすのは　とても　むずかしいよ。おうちの　ひとが　ふくに　ボタンを　ぬいつける　ときも　ひとくろうして　いるはず。

8

いろいろな　どうぐ ④

月　日

できた かず　もん / 4 もん

つぎの　どうぐは、どんな　つかいかたを　するか、せんで　むすびましょう。

① 

② 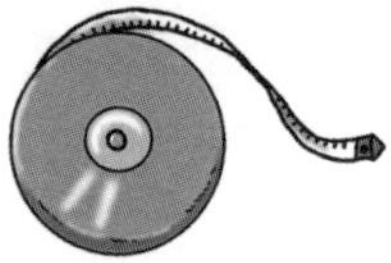

③ 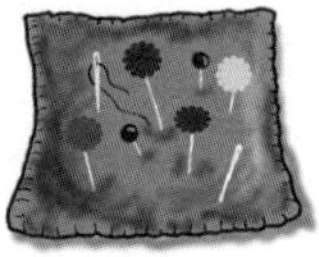

④ 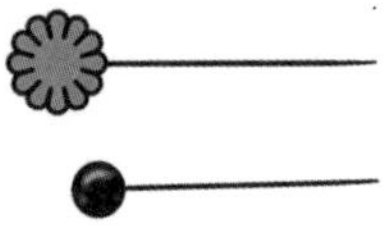

㋐ ぬのの　おおきさや、ながさを　はかる。

㋑ はりを　さして　おく　ための　はりおきば。

㋒ おおきな　ぬのを　きる　はさみ。（たちばさみ）

㋓ ぬのを　とめて　おく　ための　はり。

ぬのを　きる　「たちばさみ」と、いとを　きる　「いときりばさみ」とでは、つかいみちの　ちがいで　かたちも　ちがうんだ。

9　いろいろな　どうぐ⑤

月　　日

できた かず　　もん／4もん

つぎの　どうぐばこに　ある　どうぐの　なまえを　□から　えらんで　（　　）に　かきましょう。

①

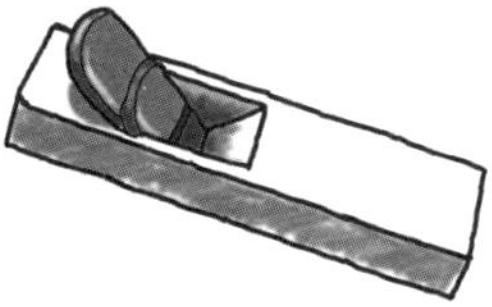

（　　　　　　）

②

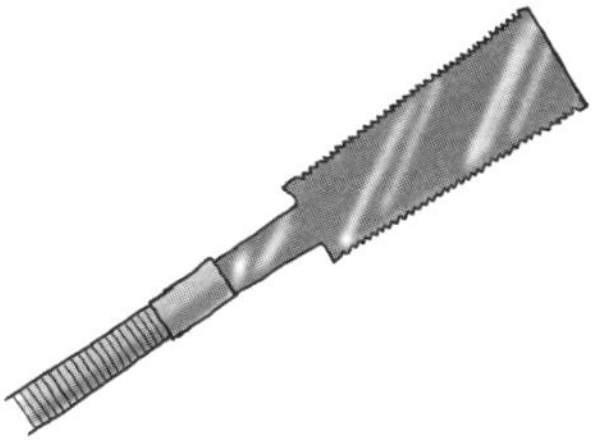

（　　　　　　）

③

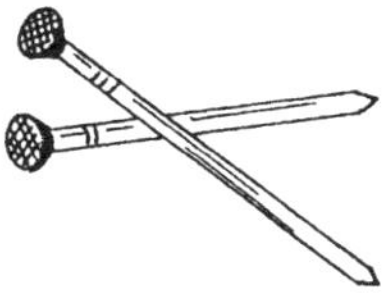

（　　　　　　）

④

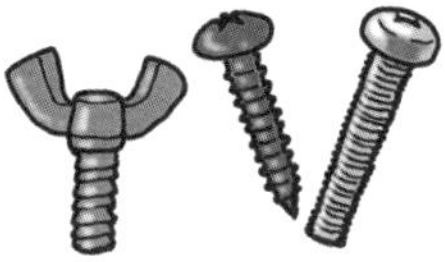

（　　　　　　）

ねじ　　のこぎり　　くぎ　　かんな

かんなで　いたを　けずる、のこぎりで　いたを　きるなどは、なかなか　おうちでは　みかけないね。

10

月　日

できた かず　もん／4もん

いろいろな　どうぐ ⑥

つぎの　どうぐは、どんな　つかいかたを　するか、せんで　むすびましょう。

①  ・　　・ ㋐ ねじを　まわす　ときに　つかう。

②  ・　　・ ㋑ きを　けずる　ときに　つかう。

③  ・　　・ ㋒ ものを　はさんだり　まげたり　はりがねを　きる　ときに　つかう。

④  ・　　・ ㋓ くぎを　うつ　ときに　つかう。

どうぐの　つかいみちを　かんがえるときは、そのどうぐの　さきや　もつところの　かたちを　みて　かんがえてみると　いいかも。

11

もようを　つくろう ①

月　日

できた かず　もん ／2もん

いろがみを　1かい　おり、①や　②のように せんを　かきます。その　せんに　そって　きりましょう。①、②は　㋐、㋑の　どちらに　なりますか。

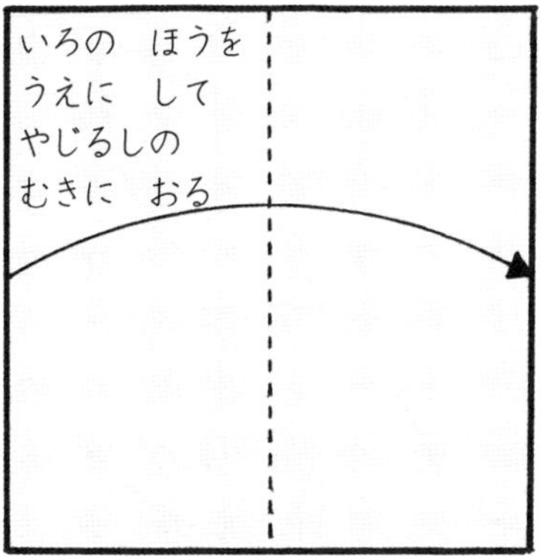

いろの　ほうを
うえに　して
やじるしの
むきに　おる

①

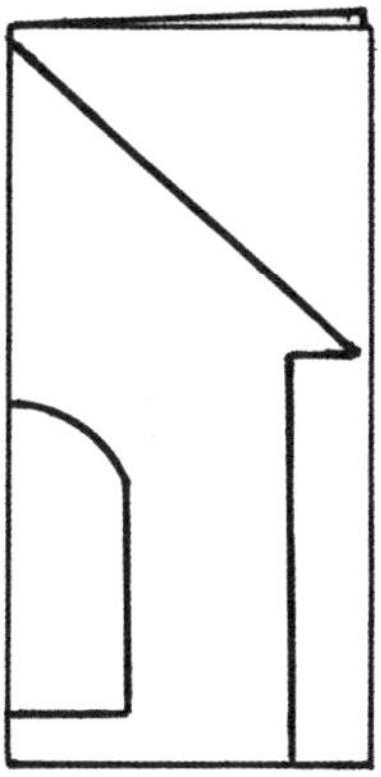

（　　　　）

②

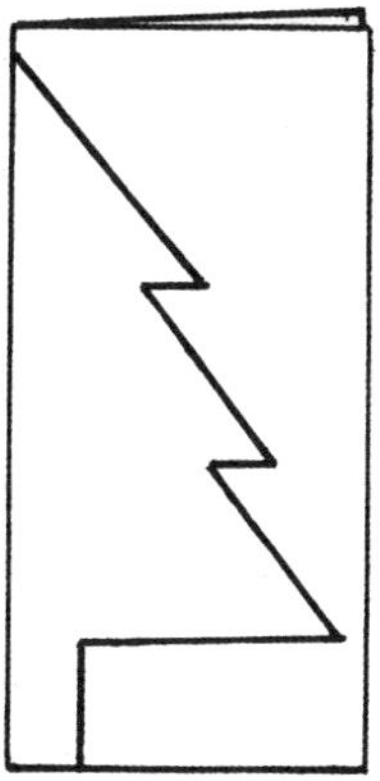

（　　　　）

㋐

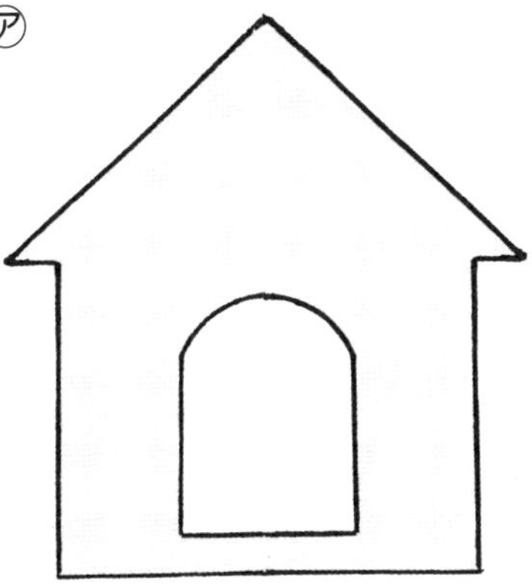

㋑

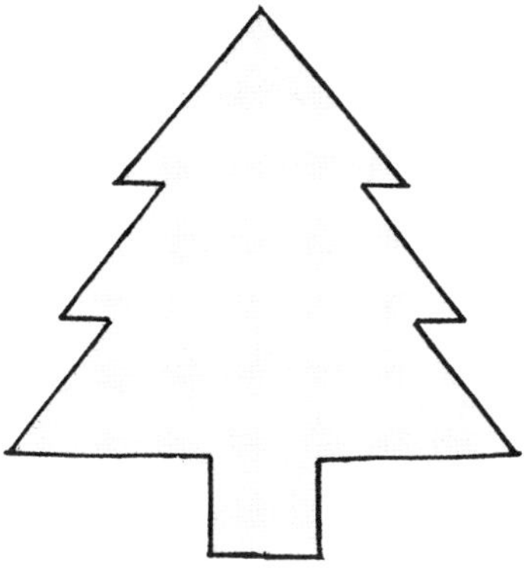

1かい　おって 「きる」ところが　ポイントだよ。ひらくと　もとの かたちとは　ちがった　かたちに　なって　おどろくよ。

12 もようを　つくろう ②

月　日

できた かず　もん／2もん

いろがみを　1かい　おり、①や　②のように　せんを　かきます。その　せんに　そって　きりましょう。①、②は　㋐、㋑の　どちらに　なりますか。

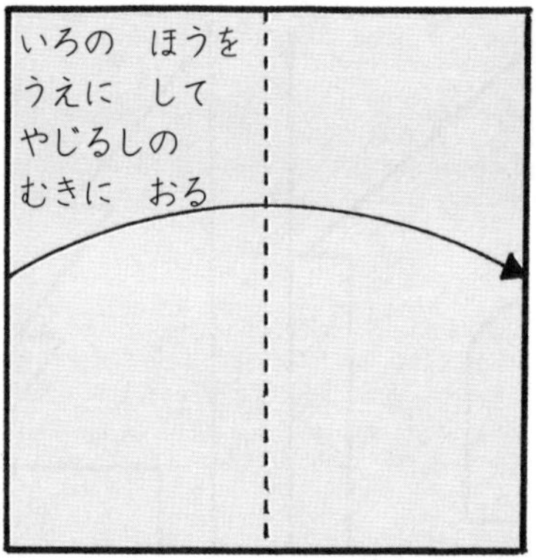
いろの　ほうを
うえに　して
やじるしの
むきに　おる

①

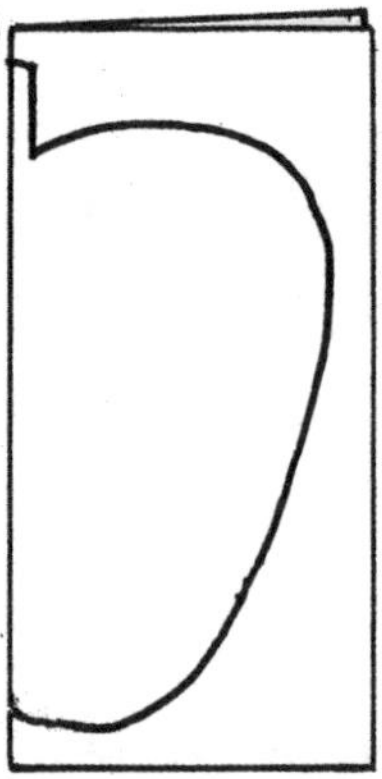

（　　　）

②

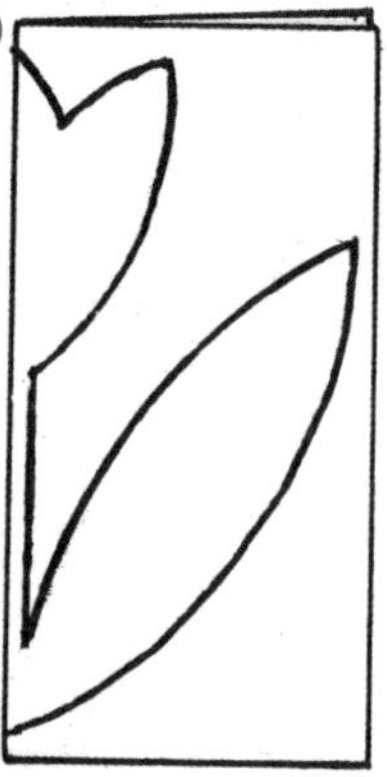

（　　　）

㋐

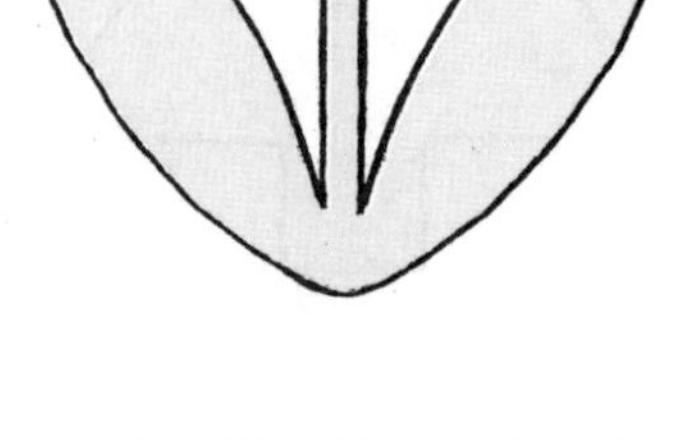

㋑

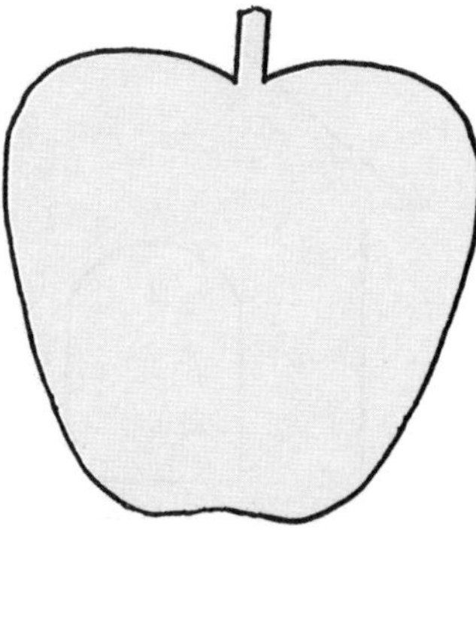

きって　ひらくと、おもって　いたよりも　せんが　ほそかったり　ふとかったり。イメージどおりに　つくれるように　れんしゅうしよう。

13

もようを　つくろう③

月　日

できた かず　もん /2 もん

いろがみを　２かい　おり、①や　②のように　せんを　かきます。その　せんに　そって　きりましょう。①、②は　㋐、㋑の　どちらに　なりますか。

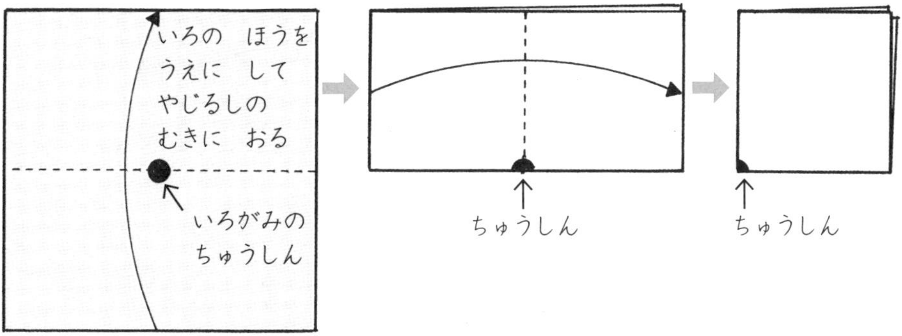

いろの　ほうを
うえに　して
やじるしの
むきに　おる
いろがみの

①

（　　　）

②

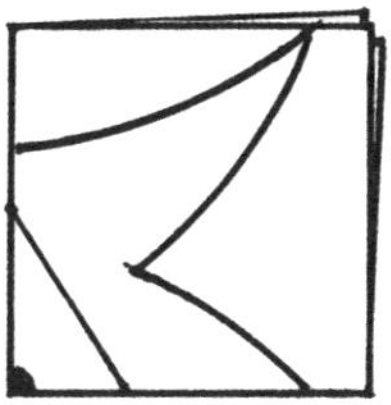

（　　　）

㋐

㋑

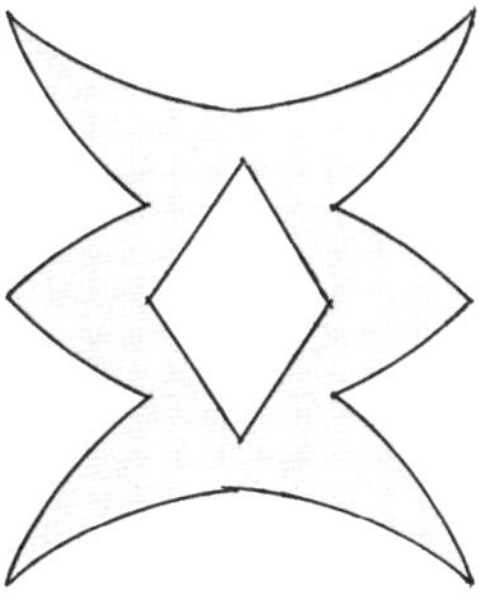

２かい　おって　「きる」ところが　ポイントだよ。２かいおりの　ときは、かみの　ちゅうしんに　きを　つけて　かみを　きろう。

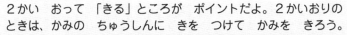

14

もようを　つくろう ④

月　日

できた かず　もん／2もん

いろがみを　2かい　おり、①や　②のように　せんを　かきます。その　せんに　そって　きりましょう。①、②は　㋐、㋑の　どちらに　なりますか。

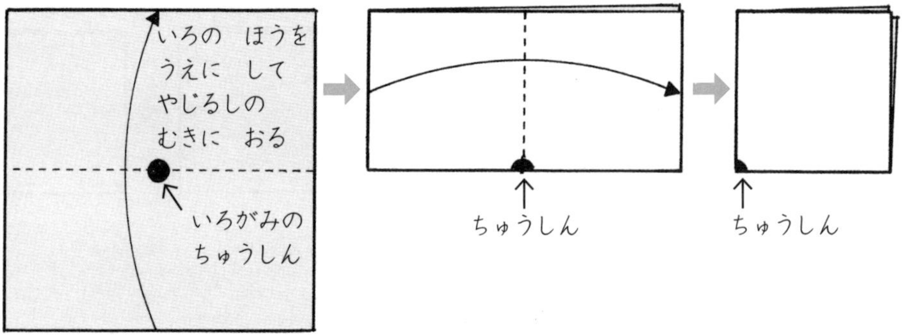
いろの　ほうを
うえに　して
やじるしの
むきに　おる
いろがみの
ちゅうしん
ちゅうしん
ちゅうしん

①

（　　　）

②

（　　　）

㋐

㋑

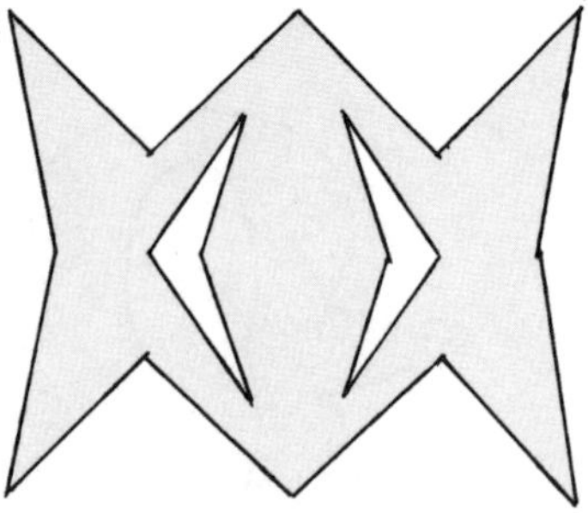

2かいおりの　ときは、かんたんな　せんを　かくだけでも　いろんな　かたちに　なるから、いろいろ　ためして　みると　たのしいかも。

15 おはなしを　よもう ①

月　日

できた かず　もん／4もん

つぎの　おはなしに　でて　くる　ものを　せんで　むすびましょう。

① シンデレラ《しんでれら》

② うさぎと　かめ

③ ねむりひめ

④ きたかぜと　たいよう

㋐ まじょの　のろい　おうじさま・キス《きす》

㋑ たびびと・ふく

㋒ かぼちゃの　ばしゃ　ガラス《がらす》の　くつ

㋓ かけっこ・ひるね

どんな　おはなしだったかな？「うさぎと　かめ」には、ゆうめいな　うたが　あるから　かんたんかも。

16

おはなしを　よもう ②

月　日
できた かず　もん / 4 もん

つぎの　おはなしに　でて　くる　ものを　せんで　むすびましょう。

① シンドバッド《しんどばっど》の　ぼうけん

② 3びきの　こぶた

③ ブレーメン《ぶれえめん》の　おんがくたい

④ ヘンゼル《へんぜる》と　グレーテル《ぐれえてる》

㋐ にわとり・いぬ
ねこ・ろば

㋑ パン《ぱん》くず・まじょ
おかしの　いえ

㋒ ほうせきの　しま
おおきな　とり
き・ふなのり

㋓ わらの　いえ
きの　いえ
レンガ《れんが》の　いえ
おおかみ

ここの　おはなしは　がいこくの　おはなしだよ。「しちひきの　こやぎ」「みにくい　あひるのこ」「ピノキオ」なども　そうだよ。

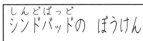

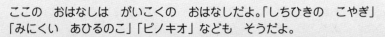

17

おはなしを　よもう ③

月　　日

できた かず

もん / 4 もん

つぎの　おはなしに　でて　くる　ものを　せんで　むすびましょう。

① ももたろう

② はなさかじいさん

③ おむすびころりん

④ つるの　おんがえし

㋐ ふぶき・はたおり

㋑ もちつき・きね　ねずみ

㋒ きびだんご　おに・きじ

㋓ はい・うす・いぬ

にほんの　おはなしだよ。「おむすびころりん」は、おじいさんが　だいぼうけんする　おはなしだね。こんな　ぼうけんが　したいな。

18

おはなしを　よもう ④

月　日

できた かず　もん／4もん

つぎの　おはなしに　でて　くる　ものを　せんで
むすびましょう。

① かちかちやま

② さるかにがっせん

③ こぶとりじいさん

④ うらしまたろう

㋐ おむすび
うす・はち
くり

㋑ ひうちいし
どろの　ふね

㋒ たまてばこ
りゅうぐうじょう

㋓ おじいさん
おに（てんぐ）

にほんに　つたわる　おはなしには、ほかにも　「いっすんぼうし」「かぐやひめ」「したきりすずめ」　なども。ほかにも　さがして　みよう。

19

こうえん①

月　日
できた かず
もん / 4 もん

こうえんに　ある　ものの　なまえを　［　］から　えらんで（　）に　かきましょう。

①

（　　　　）

②

（　　　　）

③

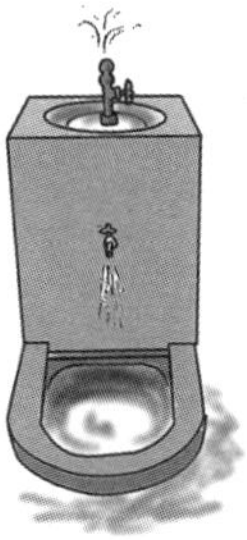

（　　　　）

④

（　　　　）

すなば　ベンチ《べんち》
トイレ《といれ》　みずのみば

それぞれの　かたちは　すこしずつ　ちがっていても、こうえんに　あるものだよ。ちかくの　こうえんに　なにが　あるか　みてみよう。

20

こうえん ②

月　日

できた かず

もん / 4 もん

こうえんに　ある　ものの　なまえを　[　　]から　えらんで　（　　）に　かきましょう。

①

（　　　　　　）

②

（　　　　　　）

③

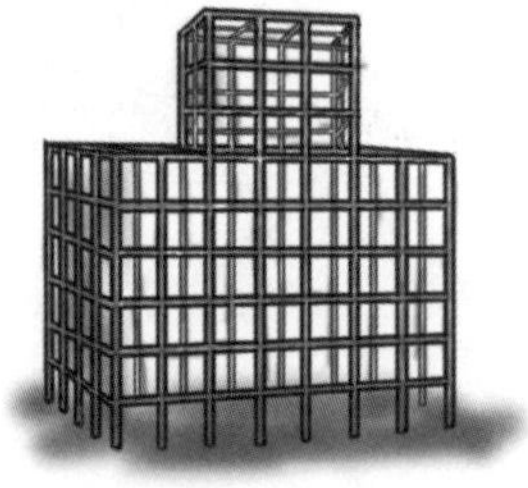

（　　　　　　）

④

（　　　　　　）

ばねの　のりもの　すべりだい
ジャングルジム《じゃんぐるじむ》　ブランコ《ぶらんこ》

がっこうでも　みた　ことの　ある　ゆうぐが　あるね。きみは　どんな　ゆうぐが　すきかな？

21

こうえん ③

月　日

できた かず

もん ／4もん

こうえんで　しごとを　している　ひとの　しごとを　[　　]から　えらんで　（　　）に　かきましょう。

①

（　　　　　　）

②

（　　　　　　）

③

（　　　　　　）

④

（　　　　　　）

はなを　うえる	ペンキ《ぺんき》を　ぬりかえる
おちばや　ゴミ《ごみ》を　はく	くさむしりを　する

こうえんでは　じぶんたちが　しらない　あいだにも、こんなに　たくさんの　ことを　してくれている　ひとたちが　いるんだね。

22

こうえん④

月　日

できた かず

もん / 4 もん

こうえんで　しごとを　している　ひとの　しごとを　□から　えらんで　（　）に　かきましょう。

①

（　　　　）

②

（　　　　）

③

（　　　　）

④

（　　　　）

ゴミ《ごみ》を　あつめる　　くすりを　まく

きの　えだを　きる　　すなを　きれいに　する

こうえんなどの　みんなが　つかう　ばしょは、あんしん・あんぜんの　ために　おおくの　ひとが　おていれを　しているんだね。

23 くさばな ③

月　日
できた かず
もん /4 もん

こうえんに　よく　ある　くさばなや　きです。
　□から　なまえを　えらんで（　　）に　かきましょう。

①

（　　　　　　）

②

（　　　　　　）

③

（　　　　　　）

④

（　　　　　　）

ツツジ《つつじ》　ススキ《すすき》
サクラ《さくら》　コスモス《こすもす》

ここの　くさばなは　みたことが　あるかな？　さいきんでは、ススキの　はえている　こうえんが　へって　きているんだ。

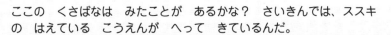

24 むし

月　日

できた かず　もん / 4 もん

こうえんで　よく　みかける　むしです。
□から　なまえを　えらんで　（　　）に　かきましょう。

①

（　　　　　　）

②

（　　　　　　）

③

（　　　　　　）

④

（　　　　　　）

チョウ《ちょう》　テントウムシ《てんとうむし》
トンボ《とんぼ》　カマキリ《かまきり》

まちの　なかで　くらして　いると、むしを　みる　ことが　すくなく
なって　きて　いるよ。こうえんや　やまで　さがして　みよう。

いきもの ①

月　日
できた かず
もん ／4もん

つぎの　どうぶつを　なかまに　わけて　◯に　あてはまる　いろを　ぬりましょう。

あかいろ　ひとの　なかま
（あかちゃんを　うむ　なかま）

あおいろ　とりの　なかま

きいろ　へびの　なかま

①

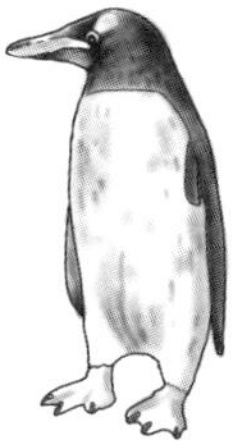

②

③

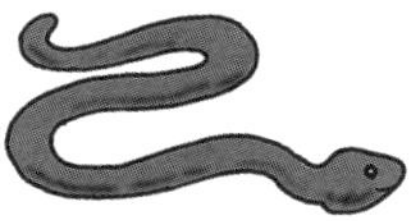

④

この　ページの　どうぶつたちは　①ペンギン、②イルカ、③ヘビ、④ライオンだよ。どうぶつの　なかまわけを　しよう。

26 いきもの ②

月　日
できた かず
もん / 4 もん

つぎの　どうぶつを　なかまに　わけて　◯に　あてはまる　いろを　ぬりましょう。

（あかいろ）ひとの　なかま
（あかちゃんを　うむ　なかま）

（あおいろ）とりの　なかま

（きいろ）へびの　なかま

① ◯

② ◯

③ ◯

④ ◯

この　ページの　どうぶつたちは　①キリン、②ワニ、③ワシ、④サルだよ。うまれるときは　あかちゃん？　それとも　たまご？

27

いきもの ③

月　日

できた かず

もん /9 もん

つぎの　どうぶつの　なまえを　　　から　えらんで　（　　）に　かきましょう。こどもを　あかちゃんで　うむ　ものには　あか、たまごで　うむ　ものには　あおを　○に　ぬりましょう。

①

○

（　　　　　）

②

○

（　　　　　）

③

○

（　　　　　）

④

○

（　　　　　）

⑤

○

（　　　　　）

⑥

○

（　　　　　）

⑦

○

（　　　　　）

⑧

○

（　　　　　）

⑨

○

（　　　　　）

ゾウ《ぞう》　ヘビ《へび》　カエル《かえる》　ウミガメ《うみがめ》　ネコ《ねこ》
リス《りす》　ウサギ《うさぎ》　クマ《くま》　イノシシ《いのしし》

しゅるいが　たくさん　あっても　かんがえかたは　いっしょだよ。
うまれてくる　すがたを　そうぞうしてね。

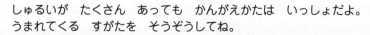

28 たべもの ①

月　日
できた かず
もん / 4もん

つぎの　やさいの　なまえを　[　　]から　えらんで　（　　）に　かきましょう。

①

（　　　　　　）

②

（　　　　　　）

③

（　　　　　　）

④

（　　　　　　）

レンコン《れんこん》	サトイモ《さといも》
タマネギ《たまねぎ》	インゲン《いんげん》

にほんで　つくられて　いる　やさいで　おおい　もの　ベスト３は、ジャガイモ・キャベツ・ダイコンなんだって。

29

たべもの②

月　日

できた かず　もん／4もん

やおやさんで　うって　いる　キノコ《きのこ》の　なまえを　せんで　むすびましょう。

①  •　　• ㋐ マイタケ《まいたけ》

②  •　　• ㋑ マツタケ《まつたけ》

③  •　　• ㋒ シイタケ《しいたけ》

④ 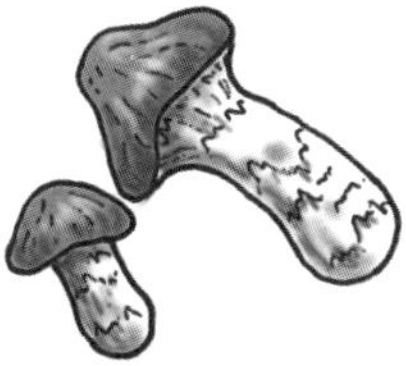 •　　• ㋓ シメジ《しめじ》

キノコには　しゅるいが　たくさん　あるね。「かおり　マツタケ、あじ　シメジ」なんて　ことばも　あるよ。

30 たべもの ③

月　日

できた かず　もん／6もん

つぎの　やさいの　なまえを　［　　］から　えらんで

（　　）に　かきましょう。

①

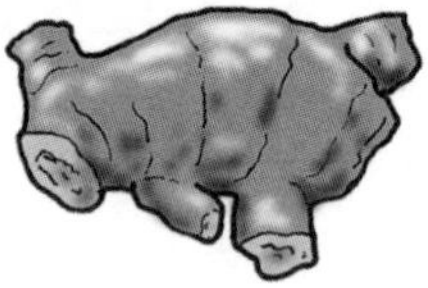

（　　　　）

②

（　　　　）

③

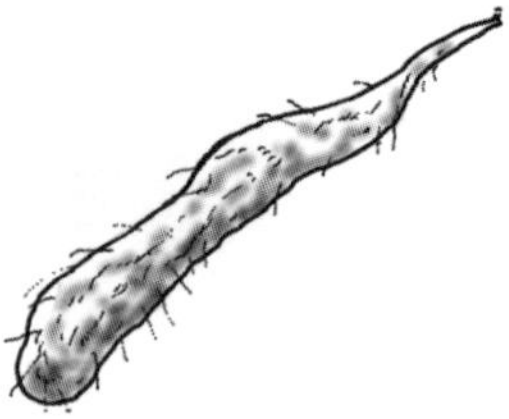

（　　　　）

④

（　　　　）

⑤

（　　　　）

⑥

（　　　　）

ニガウリ《にがうり》	ナガイモ《ながいも》	キャベツ《きゃべつ》
カボチャ《かぼちゃ》	ショウガ《しょうが》	サツマイモ《さつまいも》

やさいや　しょくぶつには　なまえが　いくつも　ある　ことも。ニガウリには　「ゴーヤ」や　「ツルレイシ」なんて　よびかたも　あるよ。

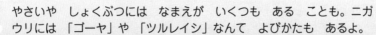

31

たべもの ④

月　日　できた かず　もん／6もん

つぎの　やさいで、たべて　いる　ところは　どこの　ぶぶんですか。［　］から　えらんで　（　）に　きごうで　かきましょう。

① ゴボウ《ごぼう》

（　）

② トウガラシ《とうがらし》

（　）

③ オクラ《おくら》

（　）

④ キュウリ《きゅうり》

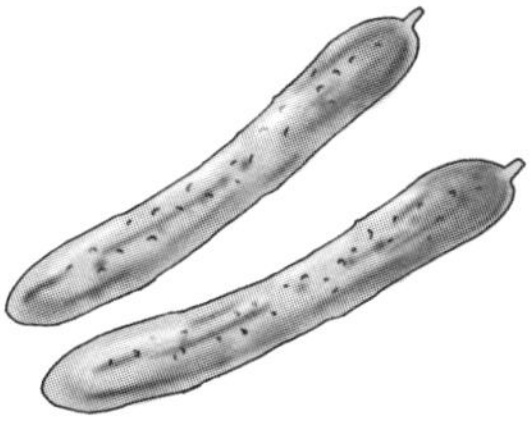

（　）

⑤ サツマイモ《さつまいも》

（　）

⑥ キャベツ《きゃべつ》

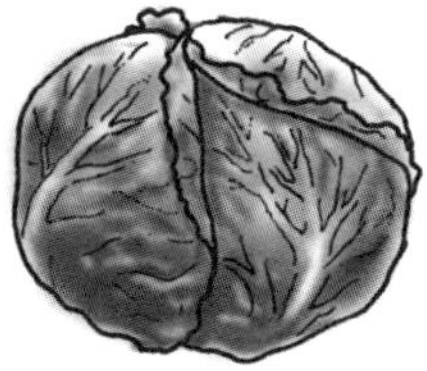

（　）

㋐ は　㋑ みや たね　㋒ ね

ジャガイモは　サツマイモと　にて　いるけど、じつは　「くき」なんだ。「くき」の　さきが　ふくらんで　ジャガイモに　なるんだって！

32 たべもの ⑤

月　日

できた かず　もん /5もん

つぎの　にくりょうりに　つかわれて　いるのは、なにの　にくですか。

ウシ《うし》は　あか、ブタ《ぶた》は　あお、ニワトリ《にわとり》は　きいろを　○に　ぬりましょう。

①

○ とんかつ（ポークカツ《ぽおくかつ》）

②

○ すぶた

③

○ ローストチキン《ろおすとちきん》

④

○ ビーフステーキ《びいふすてえき》

⑤

○ ビーフシチュー《びいふしちゅう》

りょうりの　なまえや　みためから　よそうを　しよう。にわとりの　にくりょうりには　からあげや　やきとりなども　あるよ。

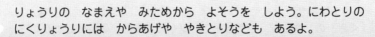

1 「あいうえお」うた ①

月　日

できた かず　もん／2もん

じを　よんでから　□に　かき、なぞりがきも　しましょう。

①

ありんこぞろぞろ

あいうえお

②

からすがかああかあ

かきくけこ

まずは　うすい　じで　かいた　おてほんの　じを　みながら　じを　かこう。かけたら　てほんの　じを　なぞろう。

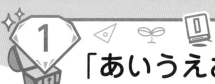

2 「あいうえお」うた②

月　日
できた かず　もん／2もん

じを よんでから □に かき、なぞりがきも しましょう。

①

さるのこするする

さしすせそ

②

たぬきがたんたん

たちつてと

「するする」や 「たんたん」と いうように、おとを かさねる ことで よむときに リズムが でるんだね。

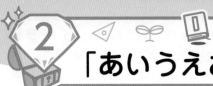

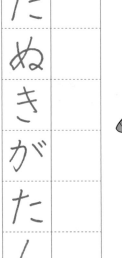

3 「あいうえお」うた ③

月　日

できた かず　もん ／2もん

じを　よんでから　□に　かき、なぞりがきも　しましょう。

①

なめくじ
ぬるぬる

なにぬねの

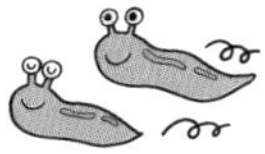

②

はとのめ
くるくる

はひふへほ

「なめくじ」と　いえば　「ぬるぬる」と　いうように、さいしょの　ことばに　かんれんする　こうかおんが　つけられると　いいね。

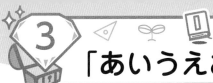

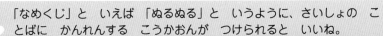

4 「あいうえお」うた④

月　日

できた かず　もん／2もん

じを　よんでから　□に　かき、なぞりがきも　しましょう。

①

まんもすどすどす

まみむめも

②

やぎさんもぐもぐ

やいゆえよ

まんもすと　まみむめも、やぎさんと　やいゆえよの　おとが　つながっているから　よむと　きもちが　いいよ。

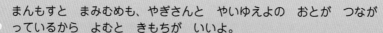

5 「あいうえお」うた ⑤

月　日

できた かず

もん ／2もん

じを よんでから □に かき、なぞりがきも しましょう。

①

らいおん
すやすや

らりるれろ

②

わかさぎ
ぴちぴち

わいうえを

ん

いままでの もんだいを おてほんに して、おとを かさねた 「あいうえお」うたを かんがえて みよう。

6 「あいうえお」うた ⑥

月　日
できた かず
もん ／2もん

じを　よんでから　□に　かき、なぞりがきも　しましょう。

①

あいあいあいさつ

アイウエオ

②

かきかきかたかな

カキクケコ

ここでは　さきに　かさねた　ことばを　かいて、カタカナの　れんしゅうに　つなげて　いくよ。

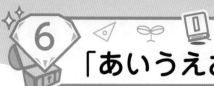

7 「あいうえお」うた ⑦

月　日

できた かず　もん ／2もん

じを よんでから □に かき、なぞりがきも しましょう。

①

さしさしゆびさし

サシスセソ

②

たちたちきをつけ

タチツテト

「さしさし」や 「たちたち」は その あとの ことばに つながるように ことばあそびを しているよ。

8 「あいうえお」うた ⑧

月　日

できた かず　もん／2もん

じを　よんでから　□に　かき、なぞりがきも　しましょう。

①

なになにおしえて

ナニヌネノ

②

はひはひマラソン

ハヒフヘホ

「はひはひ」だけだと　へんな　おとで　いみが　つたわりづらいけど、ことばあそびに　すると　いみが　つたわるね。

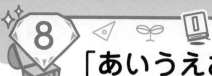

9 「あいうえお」うた ⑨

月　日
できた かず
もん ／2もん

じを よんでから □に かき、なぞりがきも しましょう。

①

まみまみ
もみもみ

マミムメモ

②

やいやい
けんかだ

ヤイユエヨ

「まみまみ　もみもみ」まで　よんで、『なんだろう？』と　かんがえるのも　いいね。

10 「あいうえお」うた ⑩

月　日
できた かず
もん ／2 もん

じを よんでから □に かき、なぞりがきも しましょう。

①

らんらんるんるん

ラリルレロ

②

わいわいなかよし

ワイウエヲ

ン

ここまでの　もんだいを　おてほんに　して、さきに　おとを　かさねた　「あいうえお」うたを　かんがえて　みよう。

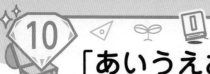

11 ながく　のばして　よむ ①

月　　日

できた かず

もん /9 もん

・の　ついた　じを　のばして　よんでから　□に　かき、なぞりがきも　しましょう。

① すうじ

② くうき

③ ゆうひ

④ おうむ

⑤ こうば

⑥ そうじ

⑦ とうふ

⑧ ぼうし

⑨ もうふ

のばす　おとを　「う」で　あらわして　いるよ。「う」と　そのまま
はつおんせずに、その　まえの　じを　のばして　よんで　みよう。

12 ながく　のばして　よむ ②

月　日

できた かず　もん／6もん

・の　ついた　じを　のばして　よんでから　□に　かき、なぞりがきも　しましょう。

① おおかみ

② おおみそか

③ こおろぎ

④ おおずもう

⑤ おおあめ

⑥ おおどおり

のばす　おとを　「お」で　あらわして　いるよ。のばす　おとを　「お」で　かく　ことばは　あまり　ないみたい。

13 つまる　おと

月　日
できた かず　もん／6もん

つぎの　ことばで　つまる　おとは　ちいさく　なおして、ことばを　かきましょう。

① きつて　（っ）

② がつこう

③ がつき

④ せつけん

⑤ につき

⑥ びつくり

つまる　おと「つ」に　きを　つけて　よむんだよ。もちろん　かく　ときも　きを　つけよう。

14

ねじれる　おと

月　日

できた かず

もん /6もん

つぎの　ことばで　ねじれる　おと、つまる　おとを　ちいさく　なおして　ことばを　かきましょう。

① きしや

② しやしよう

③ しゆみ

④ たつきゆう

⑤ ちよう

⑥ てつきよう

ねじれる　おとには　「や」「ゆ」「よ」が　はいるよ。④と　⑥には
つまる　おとも　まざっているから　きを　つけて　かいてね。

15

うえから　よんでも　したから　よんでも

月　日

できた かず　もん／3もん

じを　よんでから　□に　かき、なぞりがきも　しましょう。

①

わたしまけましたわ

（わたし　まけましたわ）

②

かんけいないけんか

（かんけいない　けんか）

③

よるせみをみせるよ

（よる　せみを　みせるよ）

みじかい　ことばでは、「こねこ」「きつつき」「しんぶんし」も　この
なかまだよ。このような　ぶんを　かいぶんと　いうよ。

16 かたかな①

月　日

できた かず　もん／9もん

じを　よんでから　□に　かき、なぞりがきも　しましょう。

① タオル

② パンダ

③ リボン

④ メロン

⑤ ガラス

⑥ トマト

⑦ クイズ

⑧ レタス

⑨ テント

オランダや　イギリスなど、がいこくから　きた　ことばは　カタカナで　かかれて　いるよ。

17

かたかな ②

月　日

できた かず

もん /9 もん

じを よんでから □に かき、なぞりがきも しましょう。

① カード

② ゲーム

③ ケーキ

④ シール

⑤ コート

⑥ コピー

⑦ ギター

⑧ タワー

⑨ カラー

カタカナで のばす おとを かく ときは、ひらがなの ときのように 「カアド」と かくのでは なく、「カード」と かくんだね。

かなづかい ①

月　日

できた かず　もん ／3もん

ただしい かなづかいに ○を つけましょう。

① このかわに {は わ}、{は わ}にが いる
という うわさです。

② {お を}にいさんが、ほん{お を}よんで
います。

③ {お を}じいさん{お を}むか{え へ}に
えき{え へ}いきます。

「○○は」、「○○を」、「○○へ」の　つかいかたを　しっかり　おぼえよう。その　ときは　よみかたにも　きを　つけてね。

19 かなづかい ②

月　日
できた かず
もん ／3もん

ただしい かなづかいに ○を つけましょう。

① わたし（は・わ）、ねる まえに かならず（は・わ）を みがきます。

② た（お・を）るで て（お・を） ふきます。

③ えいが（お・を） みに、（お・を） かあさんと まち（え・へ） いきました。

「○○は」、「○○を」、「○○へ」を　つかった　ぶんを　じぶんで　つくってみよう。

20

なかまの　ことば①

月　　日

できた かず　　もん／8もん

□の　ことばから　おなじ　なかまを　えらんで　□に　かきましょう。

① とりの　なかま

② とりでは　ない　どうぶつの　なかま

ツ《つ》バ《ば》メ《め》　キ《き》リ《り》ン《ん》　ラ《ら》ク《く》ダ《だ》　カ《か》モ《も》メ《め》　ス《す》ズ《ず》メ《め》　ウ《う》サ《さ》ギ《ぎ》　カ《か》ラ《ら》ス《す》　ヒ《ひ》ョ《ょ》ウ《う》

なかまの　ことばを　あつめよう。ここは　3もじだけど、2もじや　4もじの　どうぶつの　なまえは　どれくらい　あるかな？

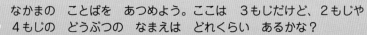

なかまの　ことば②

月　　日
できた　かず
もん　/8もん

□の　ことばから　おなじ　なかまを　えらんで　□に　かきましょう。

① くだものの　なかま

□□□　□□□
□□□　□□□

② やさいの　なかま

□□□　□□□
□□□　□□□

リンゴ《りんご》　トマト《とまと》　モヤシ《もやし》　ミカン《みかん》　バナナ《ばなな》　オクラ《おくら》　レタス《れたす》　ブドウ《ぶどう》

なかまの　ことばを　あつめよう。2もじなら　ナシ・カキ、ウリ・ニラ。4もじなら　グレープ・マンゴー、ニガウリ・レンコンなどが　あるよ。

22

おとを あらわす ことば ①

月　日

できた かず　もん / 4もん

つぎの おとに あう ものを □ から えらんで □ に かきましょう。

① イヌ《いぬ》が なく。

□□□□

② かみなりが なる。

□□□□

③ ウシ《うし》が なく。

□□□□

④ おおあめが ふる。

□□□□

モ《も》ー《お》モ《も》ー《お》
ゴ《ご》ロ《ろ》ゴ《ご》ロ《ろ》
ザ《ざ》ー《あ》ザ《ざ》ー《あ》
ワ《わ》ン《ん》ワ《わ》ン《ん》

どうぶつの なきごえや、なにかの おとを あらわす ことばは カタカナで かく ことが おおいよ。

23

おとを　あらわす　ことば ②

月　日

できた かず

もん／4もん

つぎの　おとに　あう　ものを □ から　えらんで □ に　かきましょう。

① アヒル《あひる》が　なく。

② たいこが　なる。

③ かみを　やぶる。

④ ほんを　めくる。

ドンドン《どんどん》　ガーガー《があがあ》　パラパラ《ぱらぱら》　ビリビリ《びりびり》

にた　もじでも　おとが　にごると　いみが　かわるよ。アヒルは「ガーガー」、「カーカー」は　カラスだね。

ようすを　あらわす　ことば①

月　日

できた かず　もん／4もん

つぎの □ に　あう　ことばを [　] から　えらんで　かきましょう。

① いなずまが　□□□□　と　ひかった。

② にゅうどうぐもが　□□□□　と　ひろがった。

③ はしったので　むねが　□□□□　する。

④ こわいので　つりばしを　□□□□　と　わたった。

[そろそろ　もくもく　どきどき　ぴかぴか]

おなじ　もじでも、どの　ことばに　つかうかで　すこし　ちがった　いみに　なるよ。「わたしは　ぴかぴかの　1ねんせい」とか。

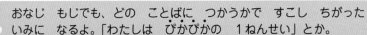

ようすを　あらわす　ことば②

月　日

できた かず　もん／4もん

つぎの □に あう ことばを ┆┆から えらんで かきましょう。

① おがわが □□□□ と ながれる。

② さむいので □□□□ ふるえる。

③ おとうさんは □□□□ に おこった。

④ やねから おちないか □□□□ して みまもる。

はらはら　かんかん　がたがた　さらさら

「さらさらした　かみの　け」、「じを　さらさら　かく」などは、イメージは　にて　いるけど　すこし　いみが　ちがって　くるね。

かんじの　よみ　かき①

月　　日

できた　かず　　もん ／12もん

かんじの　よみがなを　かき、なぞりがきを　しましょう。
その　したの　□には　あてはまる　かんじを　かきましょう。

① 小川の（　　）　水草（　　）

おがわ　□□

② 水田の（　　）　小石（　　）

すいでん　□□

③ 王女の（　　）　森林（　　）

しんりん　□□

④ 正月の（　　）　天気（　　）

てんき　□□

うすい　じで　かいた　かんじの　よみかたを　かこう。かけたら　おてほんを　なぞって、その　したの　□に　あてはまる　かんじを　かこう。

かんじの　よみ　かき ②

月　　日

できた かず　　もん /12もん

かんじの　よみがなを　かき、なぞりがきを　しましょう。
その　したの　□には　あてはまる　かんじを　かきましょう。

①
山村の（　　）　学校（　　）
がっ　こう
□□

②
六年の（　　）　男子（　　）
だん　し
□□

③
中三の（　　）　女子（　　）
じょ　し
□□

④
先生の（　　）　文字（　　）
せん　せい
□□

「○○の　□□」と　いう　もんだいと　おなじ　くみあわせで、かんじの　ぶんを　つくって　みよう。

かんじの　よみ　かき ③

月　　日

できた かず　　もん /14もん

かんじの　よみがなを　かき、なぞりがきを　しましょう。
その　したの　□には　あてはまる　かんじを　かきましょう。

① 入力と（　）　出力（　）

② 右手と（　）　左手（　）

③ 花見と（　）　月見（　）

④ 赤玉と（　）　白玉（　）

① しゅつりょく □□

② みぎ □　ひだり □

③ はな □　つき □

④ しろ □　だま □

「○○と　□□」のように、2つの　ことばを　ならべて　いう　いいかただよ。

かんじの　よみ　かき ④

月　　日

できた かず　　もん ／13もん

かんじの　よみがなを　かき、なぞりがきを　しましょう。
その　したの　□には　あてはまる　かんじを　かきましょう。

① 耳（　）が　大（　）きい

□《おお》きい

② 糸（　）で　ぬう　男（　）

□《いと》
□《おとこ》

③ 車（　）が　目立（　）つ

□□《めだ》つ

④ 空（　）に　三日月（　）

□□□《みかづき》

「○○が　△△」、「○○で　□□」、「○○に　◎◎」のように　つなぐ　ことばを　かえて、ぶんを　つくって　みよう。

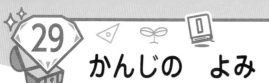

30 かんじの よみ かき ⑤

月　日

できた かず　もん ／12もん

かんじの よみがなを かき、なぞりがきを しましょう。

その したの □には あてはまる かんじを かきましょう。

① （　）口下手な（　）人

□《くち》□《べ》□《た》

② （　）金いろの（　）町

□《きん》いろ

③ （　）二千人の（　）村

□《に》□《せん》□《にん》

④ （　）七五三の（　）日

□《しち》□《ご》□《さん》

「○○○の □」と いう ぶんを つくって みよう。○○○の ところは ３もじより もじすうを おおく できるように がんばろう。

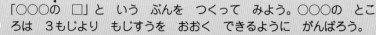

かんじの　よみ　かき ⑥

月　　日

できた かず　もん /13もん

かんじの　よみがなを　かき、なぞりがきを　しましょう。
その　したの　□には　あてはまる　かんじを　かきましょう。

① 名人（　　）の　足（　　）だ

② 大雨（　　）の　音（　　）だ

③ 夕立（　　）の　空（　　）だ

④ 四つ（　　）の　文（　　）だ

① □《めい》□《じん》

② □《おお》□《あめ》

③ □《ゆう》□《だち》

④ □《よん》　□《ぶん》

「○○の　□だ」と　いいきるような　ぶんを　つくって　みよう。

かんじの　よみ　かき ⑦

月　　日

できた かず　　もん ／10もん

かんじの　よみがなを　かき、なぞりがきを　しましょう。
その　したの　□には　あてはまる　かんじを　かきましょう。

① 花火大かい（　　）

□《はな》□《び》

② 早ね（　　）
早おき（　　）

□《はや》おき

③ 九百八十円（　　）

□《きゅう》□《ひゃく》□《えん》

④ 本日（　　）
一休み（　　）

□《ひと》□《やす》み

5もじで　ひとつの　いみに　なるような　ことばを　あつめて　みよう。むずかしいよ。

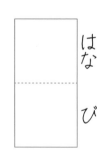

33

かんじの　よみ　かき ⑧

月　日

できた かず　もん /12もん

かんじの　よみがなを　かき、なぞりがきを　しましょう。
その　したの　□には　あてはまる　かんじを　かきましょう。

①　赤い（　　）　夕やけ（　　）

□《あか》い

②　大きい（　　）　水車（　　）

□《すい》□《しゃ》

③　小さい（　　）　子犬（　　）

□《こ》□《いぬ》

④　白い（　　）　貝がら（　　）

□《かい》がら

「○い　□□」のような　かんじの　ぶんを　つくって　みよう。
もんだいを　おてほんに　して　つくると　つくりやすいよ。

34

かんじの　よみ　かき ⑨

月　日

できた かず　もん /20もん

かんじの　よみがなを　かき、なぞりがきを　しましょう。
その　したの　□には　あてはまる　かんじを　かきましょう。

① 山（　）の上（　）の土（　）

② 青（　）い目（　）の人（　）

③ 竹（　）の子（　）の先（　）

④ 木（　）の下（　）の虫（　）

① □《やま》の□《うえ》

② □《あお》い□《め》

③ □《たけ》の□《こ》

④ □《き》の□《した》

「○の　□の　△」と　いう　ならびの　かんじの　ぶんを　つくろう。
「川の　中の　石」とか　「村の　男の　田」とか　どうかな。

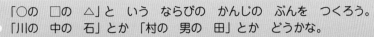

ぶんの　よみ ①

月　日
できた かず
もん ／4もん

つぎの　おはなしを　よみましょう。よめたら　したの　まとめの　（　）に　あてはまる　ことばを　かきましょう。

とんとんずもう

まずは　がようしを　まるく　きって　どひょうを　つくります。おりがみを　おって　りきしを　二つ　つくります。

つくえの　うえに　どひょうを　のせます。そして、りきしを　どひょうに　のせて　「はっけよい。のこった。」で、つくえを　たたきます。

さきに　たおれた　りきし、どひょうを　でた　りきしが　まけです。

まとめ

とんとんずもうの　どひょうは　（ア　　　　）を　まるく　きって　つくり、りきしは　（イ　　　　）を　おって　つくります。

さきに　（ウ　　　　）りき し、どひょうを　（エ　　　　）りきしが　まけです。

ぶんしょうを　よく　よむ　くせを　つけよう。よく　よめば　かならず　こたえが　わかるように　なっているよ。

ぶんの よみ②

月　日
できた かず
もん／4もん

つぎの おはなしを よみましょう。よめたら したの まとめの（　）に あてはまる ことばを かきましょう。

あした てんきに なあれ

あしたの てんきを くつで うらなう あそびが あります。

まず、くつを とばせるように かるく はきます。

「あした てんきに なあれ。」と、うたいながら、くつを とばします。

おちた くつが、おもてむきの とき あしたの てんきは「はれ」、よこむきの とき「くもり」、うらむきの とき「あめ」と うらなうのです。

まとめ

（㋐　　）を とばして てんきを うらなう あそびです。

おちた くつが おもてむきなら（㋑　　）、よこむきなら（㋒　　）、うらむきなら（㋓　　）と うらないます。

まとめの ぶんは、はじめの ぶんを みじかくして だいじな ところを まとめた ものだよ。

算数

1 10までの かず

1 ① 6 ② 9 ③ 7 ④ 8

2 ① 

② 

③ 

④ 

⑤ 

2 なんばんめ

① 

② 

③ 

④ 

⑤ 

⑥ 

3 いくつと いくつ ①

①

10	
6	4

②

9	
5	4

③

8	
3	5

④

7	
4	3

⑤

6	
1	5

⑥

10	
3	7

⑦

7	
6	1

⑧

8	
4	4

4 いくつと いくつ ②

①

8	
6	2

②

9	
3	6

③

10	
2	8

④

10	
4	6

⑤

6	
4	2

⑥

7	
2	5

⑦

9	
6	3

⑧

8	
5	3

5 あわせて？ ふえると？

1 2 + 5 = 7 こたえ 7だい

2 4 + 3 = 7 こたえ 7にん

6 のこりは？ ちがいは？

1 6 − 2 = 4 こたえ 4こ

2 8 − 7 = 1 こたえ 1つ

7 10より おおきい かず ①

1 ① 18 ② 13 ③ 17 ④ 12

2 ① 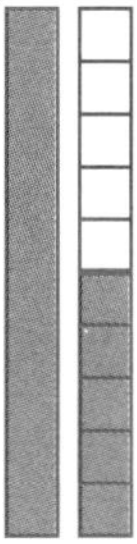
15

② 
12

③ 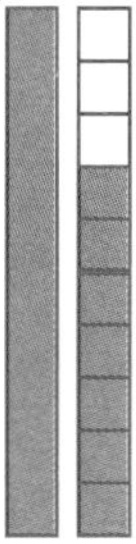
17

④ 
14

8 10より　おおきい　かず ②

① 9 → 10 → 11 → 12 → 13

② 12 → 13 → 14 → 15 → 16

③ 14 → 15 → 16 → 17 → 18

④ 7 → 8 → 9 → 10 → 11

⑤ 10 → 9 → 8 → 7 → 6

9 どちらが　ながい ①

[1] ①　たて

②　よこ

[2] (あ)

10 どちらが　ながい ②

(㋐)→(㋔)→(㋕)→(㋓)→(㋑)→(㋒)

11 どちらが　おおい ①

[1] ①　㋒　　②　㋑

[2] ①　㋓　　②　㋑

12 どちらが　おおい ②

[1] ㋑が コップ 2はいぶん おおい

[2] 1ぱいぶん

13 かたち ①

 ③, ⑤, ⑦, ⑨

 ②, ⑥, ⑧

 ①, ④

（じゅんばんは　じゆう）

14 かたち ②

[1] ①　②　③

(あ)　(い)　(う)

[2] (い), (か)

15 どちらが　ひろい ①

[1] ㋐

[2] ①　12ます

②　13ます

16 どちらが　ひろい ②

[1] ①　㋒

②　㋑

[2] ㋐

17 たしざん（くりあがり）①

[1] ①　○○○○○○ ➡⬅ ○○○○○

②　6 + 5 = 11　　こたえ　11こ

[2] 7 + 6 = 13　　こたえ　13にん

18 たしざん（くりあがり）②

① 11　② 14　③ 16　④ 11
⑤ 13　⑥ 14　⑦ 15　⑧ 17
⑨ 12　⑩ 15　⑪ 12　⑫ 11
⑬ 16　⑭ 17

19 たしざん（くりあがり）③

① 15　② 16　③ 13　④ 11
⑤ 13　⑥ 13　⑦ 18　⑧ 12
⑨ 14　⑩ 12　⑪ 12　⑫ 15
⑬ 14　⑭ 12　⑮ 11　⑯ 16
⑰ 17　⑱ 14

20 たしざん（くりあがり）④

① 14　② 16　③ 13　④ 13
⑤ 11　⑥ 14　⑦ 15　⑧ 11
⑨ 11　⑩ 13　⑪ 12　⑫ 12
⑬ 15　⑭ 11　⑮ 12　⑯ 17

⑰ 11　⑱ 11

21 ひきざん（くりさがり）①

1 ①

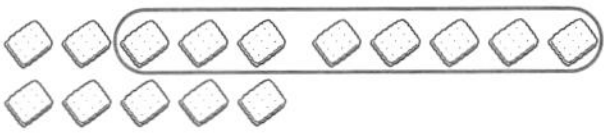

② 15 − 8 ＝ 7　こたえ　7こ

2 12 − 7 ＝ 5　こたえ　5こ

22 ひきざん（くりさがり）②

① 8　② 3　③ 9　④ 7
⑤ 5　⑥ 9　⑦ 8　⑧ 3
⑨ 9　⑩ 7　⑪ 9　⑫ 2
⑬ 7　⑭ 9

23 ひきざん（くりさがり）③

① 8　② 7　③ 9　④ 2
⑤ 5　⑥ 6　⑦ 9　⑧ 8
⑨ 7　⑩ 6　⑪ 6　⑫ 9
⑬ 5　⑭ 5　⑮ 3　⑯ 8
⑰ 9　⑱ 4

24 ひきざん（くりさがり）④

① 9　② 9　③ 4　④ 7
⑤ 9　⑥ 8　⑦ 8　⑧ 6
⑨ 7　⑩ 5　⑪ 3　⑫ 7
⑬ 7　⑭ 9　⑮ 6　⑯ 8
⑰ 8　⑱ 4

25 おおきい　かず ①

1 ① 32　② 50
2 ① 61　② 98
3 ① 100　② 10

26 おおきい　かず ②

① 100，120　② 110，80
③ 105，115　④ 112，120
⑤ 110，112　⑥ 59
⑦ 60　⑧ 7，2

27 100までの　かずの　たしざん

1 30 ＋ 7 ＝ 37　こたえ　37こ

2 ① 47　② 66　③ 64　④ 99
⑤ 28　⑥ 78　⑦ 12　⑧ 44

28 100までの　かずの　ひきざん

1 100 − 80 ＝ 20　こたえ　20えん

2 ① 50　② 1　③ 60　④ 34
⑤ 20　⑥ 33　⑦ 7　⑧ 44

29 とけい ①

① 8じ　② ㋑　③ ㋖　④ ㋒

30 とけい ②

① 1じ　② 1じ30ぷん　③ 2じ
④ 4じ　⑤ 6じ　⑥ 7じ

31 とけい ③

① 1じ20ぷん　② 1じ40ぷん
③ 1じ50ぷん　④ 6じ5ふん
⑤ 8じ25ふん　⑥ 4じ45ふん

32 とけい ④

①

②

③

④

せいかつ

1 がっこうたんけん ①

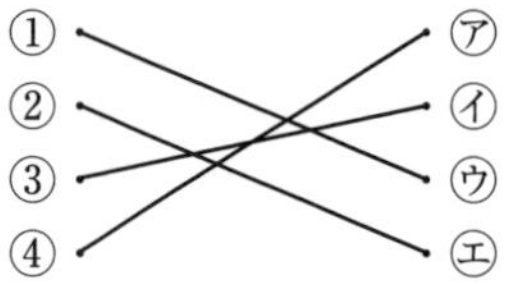

2 がっこうたんけん ②

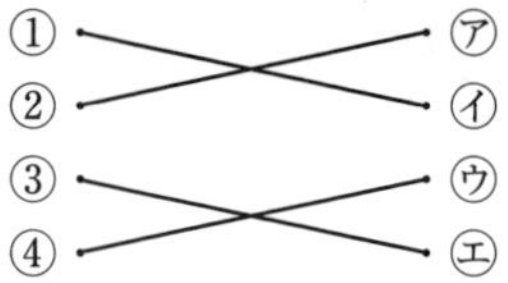

3 くさばな ①

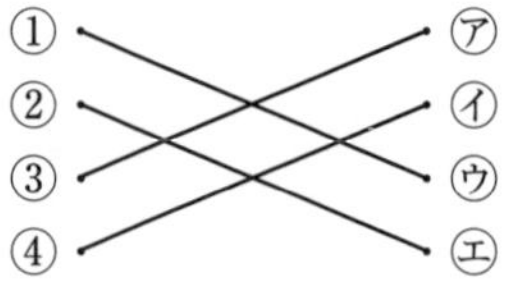

4 くさばな ②

1 ① モミジ　② イチョウ
　③ サクラ

2 ① あかいろ（だいだいいろ）
　② きいろ

5 いろいろな　どうぐ ①

① やかん　② まないた
③ どなべ　④ ミキサー

6 いろいろな　どうぐ ②

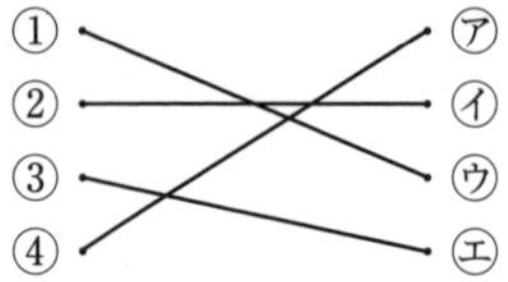

7 いろいろな　どうぐ ③

① いと　② はりやま
③ メジャー　④ ファスナー

8 いろいろな　どうぐ ④

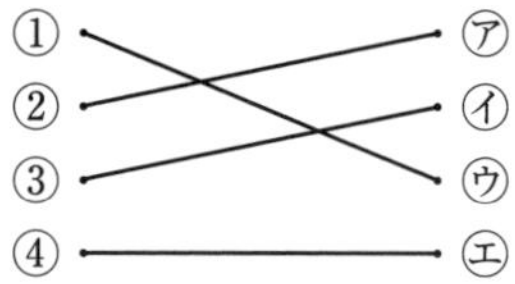

9 いろいろな　どうぐ ⑤

① かんな　② のこぎり
③ くぎ　④ ねじ

10 いろいろな　どうぐ ⑥

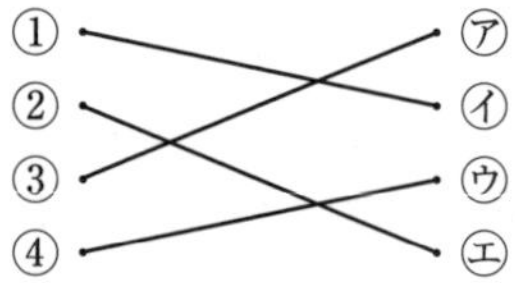

11 もようを　つくろう ①

① ㋐　② ㋑

12 もようを　つくろう ②

① ㋑　② ㋐

13 もようを　つくろう ③

① ㋐　② ㋑

14 もようを　つくろう ④

① ㋑　② ㋐

15 おはなしを　よもう ①

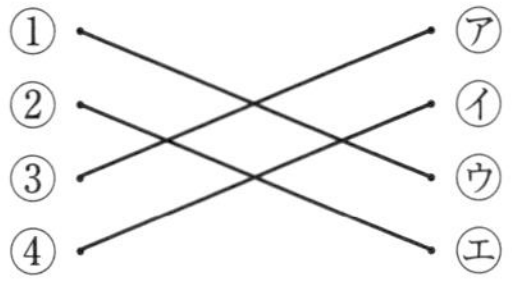

16 おはなしを　よもう ②

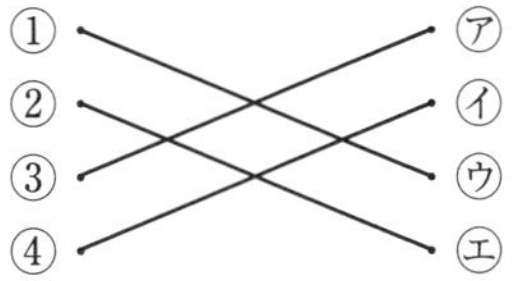

17 おはなしを　よもう ③

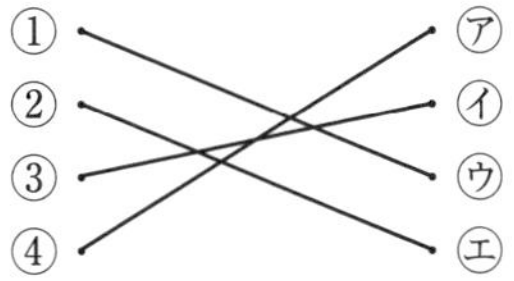

18 おはなしを　よもう ④

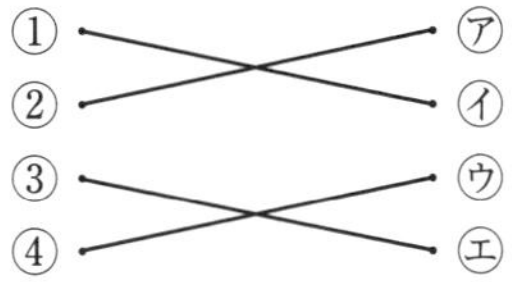

19 こうえん ①

① トイレ　② ベンチ
③ みずのみば　④ すなば

20 こうえん ②

① ばねの　のりもの　② ブランコ
③ ジャングルジム　④ すべりだい

21 こうえん ③

① おちばや　ゴミを　はく
② くさむしりを　する
③ ペンキを　ぬりかえる
④ はなを　うえる

22 こうえん ④

① きの　えだを　きる
② すなを　きれいに　する
③ ゴミを　あつめる
④ くすりを　まく

23 くさばな ③

① サクラ　② ススキ
③ ツツジ　④ コスモス

24 むし

① カマキリ　② テントウムシ
③ トンボ　④ チョウ

25 いきもの ①

あか……②，④
あお……①
きいろ…③

26 いきもの ②

あか……①，④
あお……③
きいろ…②

㉗ いきもの ③

どうぶつの　なまえ

① リス　② カエル　③ ヘビ

④ ウサギ　⑤ イノシシ　⑥ ゾウ

⑦ クマ　⑧ ネコ　⑨ ウミガメ

○に　ぬる　いろ

あか…①，④，⑤，⑥，⑦，⑧

あお…②，③，⑨

㉘ たべもの ①

① タマネギ　② インゲン

③ サトイモ　④ レンコン

㉙ たべもの ②

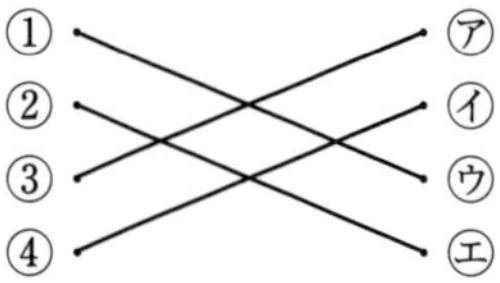

㉚ たべもの ③

① ショウガ　② ニガウリ

③ ナガイモ　④ カボチャ

⑤ サツマイモ　⑥ キャベツ

㉛ たべもの ④

① ㋒　② ㋑　③ ㋑

④ ㋑　⑤ ㋒　⑥ ㋐

㉜ たべもの ⑤

あか……④，⑤

あお……①，②

きいろ…③

こくご

① 「あいうえお」うた ①

しょうりゃく

② 「あいうえお」うた ②

しょうりゃく

③ 「あいうえお」うた ③

しょうりゃく

④ 「あいうえお」うた ④

しょうりゃく

⑤ 「あいうえお」うた ⑤

しょうりゃく

⑥ 「あいうえお」うた ⑥

しょうりゃく

⑦ 「あいうえお」うた ⑦

しょうりゃく

⑧ 「あいうえお」うた ⑧

しょうりゃく

⑨ 「あいうえお」うた ⑨

しょうりゃく

⑩ 「あいうえお」うた ⑩

しょうりゃく

⑪ ながく　のばして　よむ ①

しょうりゃく

⑫ ながく　のばして　よむ ②

しょうりゃく

⑬ つまる　おと

① きって　② がっこう
③ がっき　④ せっけん
⑤ にっき　⑥ びっくり

⑭ ねじれる　おと

① きしゃ　② しゃしょう
③ しゅみ　④ たっきゅう
⑤ ちょう　⑥ てっきょう

⑮ うえから　よんでも　したから　よんでも

しょうりゃく

⑯ かたかな ①

しょうりゃく

⑰ かたかな ②

しょうりゃく

⑱ かなづかい ①

① この　かわには、わにが　いると　いう　うわさです。
② おにいさんが、ほんを　よんで　います。
③ おじいさんを　むかえに　えきへ　いきます。

⑲ かなづかい ②

① わたしは、ねる　まえに　かならず　はを　みがきます。
② たおるで　てを　ふきます。
③ えいがを　みに、おかあさんと　まちへ　いきました。

⑳ なかまの　ことば ①

① ツバメ・カモメ・スズメ・カラス
② キリン・ラクダ・ウサギ・ヒョウ
（じゅんばんは　じゆう）

㉑ なかまの　ことば ②

① リンゴ・ミカン・バナナ・ブドウ
② トマト・モヤシ・オクラ・レタス
（じゅんばんは　じゆう）

㉒ おとを　あらわす　ことば ①

① ワンワン
② ゴロゴロ
③ モーモー
④ ザーザー

㉓ おとを　あらわす　ことば ②

① ガーガー
② ドンドン
③ ビリビリ
④ パラパラ

㉔ ようすを　あらわす　ことば ①

① ぴかぴか
② もくもく
③ どきどき
④ そろそろ

25 ようすを　あらわす　ことば ②

① さらさら
② がたがた
③ かんかん
④ はらはら

26 かんじの　よみ　かき ①

① おがわ・みずくさ・小川
② すいでん・こいし・水田
③ おうじょ・しんりん・森林
④ しょうがつ・てんき・天気

27 かんじの　よみ　かき ②

① さんそん・がっこう・学校
② ろくねん・だんし・男子
③ ちゅうさん・じょし・女子
④ せんせい・もじ・先生

28 かんじの　よみ　かき ③

① にゅうりょく・しゅつりょく・出力
② みぎて・ひだりて・右・左
③ はなみ・つきみ・花・月
④ あかだま・しろだま・白玉

29 かんじの　よみ　かき ④

① みみ・おお(きい)・大(きい)
② いと・おとこ・糸・男
③ くるま・めだ(つ)・目立(つ)
④ そら・みかづき・三日月

30 かんじの　よみ　かき ⑤

① くちべた・ひと・口下手
② きん・まち・金(いろ)
③ にせんにん・むら・二千人
④ しちごさん・ひ・七五三

31 かんじの　よみ　かき ⑥

① めいじん・あし・名人
② おおあめ・おと・大雨
③ ゆうだち・そら・夕立
④ よっ(つ)・ぶん・四・文

32 かんじの　よみ　かき ⑦

① はなびたい(かい)・花火
② はや(ね)・はや(おき)・早(おき)
③ きゅうひゃくはちじゅうえん
九百円
④ ほんじつ・ひとやす(み)・一休(み)

33 かんじの　よみ　かき ⑧

① あか(い)・ゆう(やけ)・赤(い)
② おお(きい)・すいしゃ・水車
③ ちい(さい)・こいぬ・子犬
④ しろ(い)・かい(がら)・貝(がら)

34 かんじの　よみ　かき ⑨

① やま・うえ・つち・山(の)上
② あお(い)・め・ひと・青(い)目
③ たけ・こ・さき・竹(の)子
④ き・した・むし・木(の)下

35 ぶんの　よみ ①

㋐ がようし　㋑ おりがみ
㋒ たおれた　㋓ でた

36 ぶんの　よみ ②

㋐ くつ　㋑ はれ
㋒ くもり　㋓ あめ

達《たっ》成《せい》表《ひょう》

勉強《べんきょう》がおわったページにチェックを入《い》れてね。問題《もんだい》が全部《ぜんぶ》できて、字《じ》もていねいに書《か》けていたら「よくできた」だよ。全部《ぜんぶ》の問題《もんだい》が「よくできた」になるようにがんばろう！

教科《きょうか》	タイトル	学習日《がくしゅうび》	もうすこし	ぜんぶできた	よくできた
さんすう	1 10までの　かず	／			
	2 なんばんめ	／			
	3 いくつと　いくつ ①	／			
	4 いくつと　いくつ ②	／			
	5 あわせて？ ふえると？	／			
	6 のこりは？ ちがいは？	／			
	7 10より　おおきい　かず ①	／			
	8 10より　おおきい　かず ②	／			
	9 どちらが　ながい ①	／			
	10 どちらが　ながい ②	／			
	11 どちらが　おおい ①	／			
	12 どちらが　おおい ②	／			
	13 かたち ①	／			
	14 かたち ②	／			
	15 どちらが　ひろい ①	／			
	16 どちらが　ひろい ②	／			
	17 たしざん（くりあがり）①	／			
	18 たしざん（くりあがり）②	／			
	19 たしざん（くりあがり）③	／			
	20 たしざん（くりあがり）④	／			
	21 ひきざん（くりさがり）①	／			
	22 ひきざん（くりさがり）②	／			
	23 ひきざん（くりさがり）③	／			
	24 ひきざん（くりさがり）④	／			
	25 おおきい　かず ①	／			

教科《きょうか》	タイトル	学習《がくしゅう》日《び》	もうすこし	ぜんぶできた	よくできた
さんすう	26 おおきい　かず ②	／			
	27 100までの　かずの　たしざん	／			
	28 100までの　かずの　ひきざん	／			
	29 とけい ①	／			
	30 とけい ②	／			
	31 とけい ③	／			
	32 とけい ④	／			
せいかつ	1 がっこうたんけん ①	／			
	2 がっこうたんけん ②	／			
	3 くさばな ①	／			
	4 くさばな ②	／			
	5 いろいろな　どうぐ ①	／			
	6 いろいろな　どうぐ ②	／			
	7 いろいろな　どうぐ ③	／			
	8 いろいろな　どうぐ ④	／			
	9 いろいろな　どうぐ ⑤	／			
	10 いろいろな　どうぐ ⑥	／			
	11 もようを　つくろう ①	／			
	12 もようを　つくろう ②	／			
	13 もようを　つくろう ③	／			
	14 もようを　つくろう ④	／			
	15 おはなしを　よもう ①	／			
	16 おはなしを　よもう ②	／			
	17 おはなしを　よもう ③	／			
	18 おはなしを　よもう ④	／			

教《きょう》科《か》	タイトル	学習《がくしゅう》日《び》	もうすこし	ぜんぶできた	よくできた
せいかつ	19 こうえん ①	／			
	20 こうえん ②	／			
	21 こうえん ③	／			
	22 こうえん ④	／			
	23 くさばな ③	／			
	24 むし	／			
	25 いきもの ①	／			
	26 いきもの ②	／			
	27 いきもの ③	／			
	28 たべもの ①	／			
	29 たべもの ②	／			
	30 たべもの ③	／			
	31 たべもの ④	／			
	32 たべもの ⑤	／			
こくご	1 「あいうえお」うた ①	／			
	2 「あいうえお」うた ②	／			
	3 「あいうえお」うた ③	／			
	4 「あいうえお」うた ④	／			
	5 「あいうえお」うた ⑤	／			
	6 「あいうえお」うた ⑥	／			
	7 「あいうえお」うた ⑦	／			
	8 「あいうえお」うた ⑧	／			
	9 「あいうえお」うた ⑨	／			
	10 「あいうえお」うた ⑩	／			
	11 ながく　のばして　よむ ①	／			

教《きょう》科《か》	タイトル	学《がく》習《しゅう》日《び》	もうすこし	ぜんぶできた	よくできた
こくご	12 ながく　のばして　よむ ②	／			
	13 つまる　おと	／			
	14 ねじれる　おと	／			
	15 うえから　よんでも　したから　よんでも	／			
	16 かたかな ①	／			
	17 かたかな ②	／			
	18 かなづかい ①	／			
	19 かなづかい ②	／			
	20 なかまの　ことば ①	／			
	21 なかまの　ことば ②	／			
	22 おとを　あらわす　ことば ①	／			
	23 おとを　あらわす　ことば ②	／			
	24 ようすを　あらわす　ことば ①	／			
	25 ようすを　あらわす　ことば ②	／			
	26 かんじの　よみ　かき ①	／			
	27 かんじの　よみ　かき ②	／			
	28 かんじの　よみ　かき ③	／			
	29 かんじの　よみ　かき ④	／			
	30 かんじの　よみ　かき ⑤	／			
	31 かんじの　よみ　かき ⑥	／			
	32 かんじの　よみ　かき ⑦	／			
	33 かんじの　よみ　かき ⑧	／			
	34 かんじの　よみ　かき ⑨	／			
	35 ぶんの　よみ ①	／			
	36 ぶんの　よみ ②	／			